Strade blu

Chiara Lalli
Cecilia Sala

POLVERE

Il caso Marta Russo

MONDADORI

Il libro è liberamente ispirato alla serie audio *Polvere. Il caso Marta Russo* (© 2020 Chiara Lalli e Cecilia Sala, prodotta da Emons Record e Miyagi Entertainment).

librimondadori.it

Polvere
di Chiara Lalli e Cecilia Sala
Collezione Strade blu

ISBN 978-88-04-73979-1

I edizione maggio 2021

Indice

Polvere

«Cosa la distingue da George Bush?»
«Cosa mi distingue? Il fatto che Bush sia stato eletto due volte presidente degli Stati Uniti.»
Nessuno dei giornalisti presenti nella sala del Sofitel sembra cogliere l'intelligenza di questa risposta, e non la vedrò riportata su nessun giornale francese.

YASMINA REZA, *L'alba la sera o la notte*, 2007

Introduzione

29 novembre 2011

Sono all'ingresso del liceo Cavour, a pochi passi dal Colosseo. La campanella è suonata da qualche minuto. I ragazzi della 5ª A sono già in classe, oggi hanno la simulazione della prova di maturità. Fuori dal cancello principale c'è un gruppo di «esterni», hanno uno striscione in mano, immagino siano qui per distribuire qualche volantino politico. Niente di strano.

Entro, salgo al terzo piano della palazzina A, arrivo in classe. Neanche il tempo di finire l'appello che bussano alla porta, è un'assistente scolastica: «Cecilia Sala in presidenza». Sono rappresentante d'istituto insieme a Valerio, mi alzo dal banco e scendo al piano terra per andare nell'ufficio di Tecla, la preside. La convocazione non mi sembra eccezionale, i problemi, negli ultimi anni, erano stati parecchi: un professore denunciato per stalking, un altro indagato per molestie alle alunne, l'occupazione finita male, il suicidio di uno studente.

La preside è più agitata del solito, dice: «Il professore, Giovanni, è stato fermato all'ingresso. Gli hanno gridato di tutto. Sappiamo quanto sia amato dai suoi alunni, non vorrei ci fossero tensioni tra loro e le teste rasate qui sotto».

Giovanni Scattone, professore di storia e filosofia, è arrivato nel nostro liceo a settembre per iniziare una supplenza di almeno un anno. Dopo aver cambiato numerosi insegnanti, i ragazzi della 5ªA si trovano particolarmente bene con lui. È stato fermato all'entrata da un gruppo di militanti del collettivo Lotta Studentesca, la sezione giovanile di Forza Nuova. Hanno gridato, hanno provato a impedirgli di varcare l'ingresso. Su un gigantesco striscione hanno scritto: ASSASSINO.

Il Cavour era il liceo di Marta Russo.

Giovanni Scattone, il professore della 5ªA, ha scontato cinque anni di carcere dopo essere stato condannato per averle sparato alla testa.

L'omicidio è avvenuto nel 1997, quando io avevo due anni. La prima volta che ho sentito parlare del caso Marta Russo è stato quel giorno.

9 maggio 1997

È una mattina come tante a Villa Mirafiori, una sede distaccata dell'università di Roma La Sapienza, dove c'è la facoltà di Filosofia. Le lezioni sono quasi finite, la sessione estiva degli esami sta per cominciare. In biblioteca si studia bene, ci vengono anche dalle altre facoltà e qualche volta non si trova posto, ma oggi sono arrivata presto. Alcuni studenti sono seduti al sole a fumare, altri chiacchierano davanti al bar.

Io gli esami li ho finiti e sto scrivendo la tesi di laurea in filosofia morale. Il mio professore ha lo studio al terzo piano, accanto a quello di Eugenio Lecaldano, che sarà interrogato durante le indagini per l'omicidio di Marta Russo e testimonierà al processo un anno più tardi.

Me la prendo un po' troppo comoda e faccio molte pause, però è quasi l'ora di pranzo e penso che posso ricominciare più tardi.

Scendo le scale ed esco in giardino. Sento qualcuno che

dice a voce alta: «Hanno sparato a una ragazza all'università!». All'università? Forse ho capito male. Me lo ricordo quando sparavano all'università, perché ci insegnava mio padre e una volta gli avevo chiesto se avesse mai avuto paura. Ma erano gli anni Settanta, mica il 1997.

Siete sicuri che sia uno sparo? Dove? E perché?

Dove lo vengo a sapere nelle ore successive: all'interno della città universitaria, a un paio di chilometri da dove sono io. Marta Russo camminava con la sua amica Iolanda Ricci in un vialetto interno della città universitaria. Si erano lasciate alle spalle l'edificio di Giurisprudenza e avevano attraversato una specie di tunnel aperto. Stavano parlando quando all'improvviso Iolanda ha sentito un rumore cupo e ha visto l'amica cadere. Ha urlato: «Hanno sparato!» e si è precipitata a nascondersi. Le prime persone accorse erano incredule. Com'è possibile che qualcuno abbia sparato all'università? Sarà stato un malore. Poi è arrivato un giovane medico che si è accorto che Marta aveva un foro dietro l'orecchio. Ma l'incredulità non è diminuita, anzi. Pochi minuti più tardi è arrivata l'ambulanza che ha trasportato la ragazza al policlinico Umberto I, proprio lì davanti. Marta morirà alcuni giorni dopo.

Il perché resterà invece una domanda senza risposta.

Nei mesi successivi non si parla d'altro.

Ricordo bene Bruno Romano, uno dei tre titolari della cattedra di filosofia del diritto, e i suoi libri incomprensibili, perché ho fatto l'esame lì nella facoltà di Giurisprudenza, la stessa che frequentava Marta. Ricordo quell'appello affollatissimo e con gli studenti divisi per l'iniziale del cognome, molto diverso da quelli cui ero abituata a Filosofia, con pochi studenti e gli esami programmati e ordinati. Ho camminato in quel vialetto anch'io, molte volte. Ricordo bene l'incredulità e la paura che quell'omicidio ha provocato. Sarebbe potuto succedere a me?

30 aprile 2019

Abbiamo cominciato a parlare dell'omicidio di Marta Russo per caso. Ci sembrava che raccontasse più della cronaca di un delitto e di un processo.[1] Proprio come altri casi celebri, come O.J. Simpson, Central Park Five, Dreyfus, Gino Girolimoni, come Hae Lee, Sebastian e Atif o Colin Warner.

Ciò che era successo dopo lo sparo è comprensibile solo se inserito in un contesto politico, sociale e giudiziario: la pressione dell'opinione pubblica e della stampa, i sondaggi «Colpevoli o innocenti?», gli altri omicidi irrisolti, come quello di Simonetta Cesaroni e di Alberica Filo della Torre, il ricordo cupo del terrorismo.

Un caso misterioso e senza movente, per questo ancora più spaventoso: sarebbe potuto succedere a noi.

Chi ha ucciso Marta Russo?[2]

Secondo l'accusa, Giovanni Scattone aveva sparato per provare che il delitto perfetto è possibile e per una specie di superomismo nietzschiano. Salvatore Ferraro era il suo complice. Fin da subito, quasi tutti sono certi della colpevolezza dei due imputati: onorevoli, personalità del piccolo schermo e scrittori affascinati dalle perversioni nichiliste di due giovani borghesi.

Il colpevole veniva descritto come un mostro nichilista a due teste e senza cuore. «Il diavolo si era già impadronito della mano di Giovanni Scattone, facendogli impugnare quella pistola, tendendo il braccio verso l'esterno di una finestra dell'aula assistenti dell'istituto di Filosofia del diritto, incitandolo – è proprio il caso di dirlo – diabolicamente a premere il grilletto e indirizzando il colpo verso un vialetto normalmente frequentato da molte persone» aveva detto il procuratore generale Antonio Marini durante la requisitoria del processo d'appello.

Nel 2003, a sei anni da quella mattina di maggio, la condanna definitiva è per omicidio colposo. La pena è di cinque anni e quattro mesi per Scattone e di quattro anni e due mesi per Ferraro.

Ma il delitto perfetto, che era l'ipotesi dell'accusa, non accade per sbaglio o per imprudenza. Più letterario che reale, è un omicidio intenzionale, compiuto per dimostrare la propria superiorità, di poter uccidere senza essere scoperti, di essere al di sopra del bene e del male.

Nelle sua versione più classica, avviene in una camera chiusa e senza testimoni.

Com'è possibile condannare soltanto a cinque anni di carcere chi ha sparato in testa a una studentessa? L'accusa aveva chiesto una pena di ventidue anni. La condanna è un compromesso che scontenta tutti.

È un'ingiustizia per Marta e la sua famiglia, se Giovanni Scattone e Salvatore Ferraro sono colpevoli. È un'ingiustizia se sono innocenti.

La pena non è l'unica stranezza. Che sarebbe stato un caso impossibile lo si poteva immaginare fin dall'inizio: un luogo affollato, decine di finestre dalle quali si sarebbe potuto sparare, il bossolo e la pistola mai trovati, il movente assente, i sopralluoghi eseguiti in ritardo, lo scontro tra periti e la difficile traduzione del linguaggio dubbioso e probabilistico della scienza in quello discreto della legge: colpevole o innocente, senza percentuali e senza ipotesi.

Nessuno ha fatto una bella figura. C'è chi timbra il cartellino per tutti, chi nasconde pistole in un magazzino, chi viene assunto senza concorso, chi parla di esami venduti e di nepotismo, chi non tiene il registro delle lezioni e degli esami, chi butta l'agenda, chi non ricorda e chi ricorda troppo. Tutti hanno qualcosa da nascondere, nessuno vorrebbe essere coinvolto in un'indagine per omicidio.

È sconvolgente il VHS con la registrazione integrale dell'interrogatorio di una delle testimoni protagoniste del caso. È un miscuglio di dramma e di farsa, una combinazione di dolore e di ridicolo che a volte si ripeterà durante le udienze e nelle intercettazioni. Quando il VHS viene trasmesso in televisione, il presidente del Consiglio, Romano Prodi, critica aspramente i metodi degli inquirenti davanti al parlamento. In quell'occasione, più unica che rara, viene applaudito da tutti, da Silvio Berlusconi ad Antonio Di Pietro, dall'ex missino Gianfranco Fini a Giuliano Pisapia di Rifondazione comunista.

Se il caso Marta Russo fosse un errore giudiziario?

Se un giorno ci trovassimo schiacciati da una macchina inadeguata e incapace di correggersi?

Per quell'omicidio vengono condannati Giovanni Scattone, ventinove anni, e Salvatore Ferraro, trent'anni. Sono entrambi assistenti di filosofia del diritto, fanno esami e lezioni a centinaia di ragazzi. Entrambi hanno sempre affermato di essere innocenti.

Scattone, durante il processo, dice: «Io ho vissuto tredici anni della mia vita all'università, prima come studente, poi come assistente nella facoltà di Giurisprudenza. Essere accusato di avere ucciso una studentessa nel mezzo dell'università è la calunnia peggiore che mi poteva capitare di dover subire nella vita. Mi rendo conto, naturalmente, che in questa storia ci sono persone che hanno sofferto più di me, però penso anche che in carcere ci stia una persona che non è il responsabile dell'omicidio. Penso che non serva nemmeno a rendere giustizia a una ragazza che è morta».

E Salvatore Ferraro, rivolgendosi al padre di Marta Russo: «Il padre, Donato Russo, invece di guardarmi con odio e con disprezzo, io penso che mi abbraccerà». Donato Russo gli risponde: «Io voglio la verità, voglio!».

«Certo, professore! Sono contento oggi di poter parlare con lei finalmente faccia a faccia. Io posso dirle con estrema forza...»

«Tutto falso!» lo interrompe Donato Russo, mentre Ferraro prosegue: «... con estrema serenità, che non c'entro nulla con l'assassinio di sua figlia».

Abbiamo provato a ricostruire gli avvenimenti e le interpretazioni di allora. A volte un nuovo indizio ci è sembrato essere risolutivo, un vero e proprio colpo di scena: è fatta, ecco i colpevoli! La ditta di pulizie dell'università con i dipendenti che sparano al poligono, il bibliotecario «pistolero» con un porto d'armi abusivo, uno scambio di persona, la mafia o la pista calabrese, il terrorismo, un colpo partito per sbaglio, forse da un agente in borghese. Ma poi nuovi riscontri hanno indebolito quelle convinzioni, rimettendo tutto in discussione.

Ci siamo chieste, dopo più di vent'anni, che cosa avessero da dire i protagonisti di quella storia.

Sicuramente la principale testimone ha mentito, tutti concordano che l'abbia fatto perché minacciata. Ma quando? All'inizio, per paura dei baroni universitari, o dopo, per paura dei magistrati?

Lei ha mai ripensato a questa vicenda? I giudici popolari erano davvero convinti della colpevolezza degli imputati o hanno accettato un compromesso che ha scontentato tutti? La Digos e la Squadra mobile concordavano con la tesi della procura? Il professore di filosofia che è il possibile alibi di Scattone ha davvero buttato la sua agenda? Perché le contraddizioni tra le testimonianze più importanti sono state ignorate?

È spesso impossibile ricostruire con precisione quello che è successo in un determinato momento, molto più di quanto ci piaccia credere. È un processo fragile, perché non abbiamo elementi, perché ci affezioniamo a un'idea, perché preferiamo una ipotesi incerta al dover ammettere di non sapere come siano andate le cose.

Scattone e Ferraro non sono stati arrestati perché nel cassetto della loro scrivania c'era l'arma del delitto, perché avevano un movente per uccidere o perché hanno confessato di avere sparato in testa a una ragazza. Tutto è iniziato da un granello di polvere. Un elemento minuscolo che però ha innescato una serie di conseguenze, come su un piano inclinato, fino alla condanna per omicidio.

Noi abbiamo cercato di ricostruire i passaggi dal ritrovamento di quella particella fino all'arresto e poi al processo. Abbiamo cercato di vedere se, un pezzo alla volta, alla fine tutto tornava.

Abbiamo passato alcuni giorni nei sotterranei del tribunale di Roma, alla ricerca di alcuni nastri molto vecchi e molto preziosi. Abbiamo guardato le foto fatte dalla polizia sulla scena del delitto, nei corridoi dell'università, dalla finestra dell'aula 6.

Abbiamo letto le perizie tecniche, i verbali, gli articoli di quei giorni in cui l'assenza di una spiegazione spaventava tutti. Abbiamo rivisto i telegiornali dell'epoca e le foto dell'archivio Ansa, e abbiamo ascoltato tutte le udienze del processo sul sito di Radio Radicale. Abbiamo cronometrato percorsi e distanze e, sembrerà assurdo, abbiamo misurato più volte la profondità di un condizionatore. Abbiamo ascoltato ore di intercettazioni telefoniche. In alcune si organizzano picnic, in altre si discute dell'effetto che produce un proiettile quando impatta il cervello umano a seconda del calibro, in altre ancora si commenta il nuovo fidanzato di una ex.

Abbiamo parlato con i due condannati per omicidio e con i loro accusatori.

Abbiamo usato delle applicazioni per invecchiare i volti delle foto di archivio e le abbiamo confrontate con decine di profili Facebook, Instagram e Twitter. Lo abbiamo fatto per ritrovare i protagonisti di questa storia.

Tutti hanno conservato un ricordo indelebile di quel venerdì 9 maggio.

I

«Hanno sparato!»

Il 9 maggio 1997 Marta Russo e Iolanda Ricci sono insieme a una lezione di diritto costituzionale in un'aula della facoltà di Giurisprudenza della Sapienza di Roma. Hanno poco più di vent'anni e sono iscritte al terzo anno di Legge, come gli studenti chiamano Giurisprudenza. La facoltà è all'interno della città universitaria, grande più di dieci volte lo stadio Olimpico e oltre venti volte piazza San Pietro, con migliaia di dipendenti e decine di migliaia di studenti che la attraversano ogni giorno.

Verso le undici la lezione finisce, le due ragazze escono dalla facoltà, scendono la gradinata di marmo, Iolanda si ferma davanti a Scienze politiche perché lì c'è una cabina e deve fare una telefonata. Una persona è in fila davanti a lei e, mentre aspetta il proprio turno, Iolanda guarda l'orologio e le rimane impressa l'immagine delle lancette tra le 11.25 e le 11.30. La telefonata di chi la precede dura solo pochi minuti, così come la sua. Marta approfitta dell'attesa per andare a controllare la data di un esame sulla bacheca di Sociologia, nella palazzina Tumminelli.

Poi, di nuovo insieme, Marta e Iolanda camminano verso viale Regina Elena. Devono uscire dalla città universitaria e raggiungere via Castro Laurenziano, dove c'è la facoltà di Economia e commercio: pochi minuti più tardi, a mezzogiorno, hanno una lezione di storia economica. Parlano delle dispense, di un esame che devono sostenere e del percorso da fare; non sono d'accordo su quale sia la via più veloce, poi decidono di passare per le stradine interne. Si lasciano alle spalle il tunnel, una specie di porticato aperto che collega Giurisprudenza e Statistica.

Marta è a sinistra. Iolanda, a destra, cammina guardando in terra. Sente un rumore e le sembra di vedere le gambe di Marta piegarsi. Corre, urla: «Hanno sparato! Hanno sparato!». Si abbassa tra le macchine parcheggiate per proteggersi, poi vede un uomo con una tuta da lavoro di un blu scolorito, gli corre incontro per chiedere aiuto, per nascondersi dietro di lui. Lo afferra per le spalle e ripete: «Hanno sparato!». L'uomo con la tuta blu è uno dei dipendenti della ditta di pulizie Pul.Tra. Sono circa le 11.42.

Ma i colpi cessano, non è una raffica; Iolanda si tranquillizza, smette di correre e di cercare riparo. Torna indietro, va da Marta. «Vedo Marta con gli occhi sbarrati, e in quel momento li chiude. L'ho chiamata, ma non mi ha risposto, non so quanti minuti sono rimasta a fissarla.»[1]

Arrivano altre persone, ma nessuno crede che possano avere sparato all'università. C'è una ragazza che le sente il polso e dice che il cuore batte ancora. Non può essere stato uno sparo, dice. Secondo lei è una macchina che ha schiacciato una lattina. E quello di Marta è solo un malore. «Io dicevo che le avevano sparato, ma non mi credeva nessuno. Insistevo, poi i capelli le si sono sporcati di sangue.»[2]

Tra la gente che arriva prima dell'ambulanza c'è anche Giuliana Olzai, quarantenne casalinga e studentessa fuori corso. È all'università per scrivere la tesi di laurea e quella mattina sta facendo delle ricerche al Centro di calcolo della facoltà di Statistica. Ha prenotato il computer per quattro ore usando il nome di un'amica per le prime due ore e il suo per le altre due. Non si potrebbe, la prenotazione non può superare un certo limite di tempo, ma lo fanno tutti e in facoltà c'è un tacito accordo. Le finestre del Centro affacciano proprio sul vialetto dove Marta è stata colpita.

«Se non c'ero io, l'indagine non andava avanti» ci ha detto quando l'abbiamo incontrata insieme al marito in un bar di Cerveteri nel luglio 2019. Giuliana Olzai ci ha parlato della sua memoria «spaventosa»: come rivedere un film, una memoria fotografica infallibile, per lei ricordare è «come aprire un file». Ci ha raccontato che durante le indagini gli inquirenti erano talmente stupiti dalla sua capacità di tenere a mente anche i dettagli più insignificanti da averle detto: «Signora, sbagli qualcosa perché è più umano». Anche di quella mattina del 9 maggio Olzai ricorda ogni particolare. È seduta davanti al computer quando all'improvviso tutti si alzano e corrono verso le finestre. «Mi viene l'idea di uscire fuori per andare a vedere che cosa è successo.» Quando esce incontra due ragazzi con i capelli castani, tra i venti e i trent'anni, che attirano la sua attenzione. Decide di seguirli e sarà proprio questa scelta a rendere Giuliana Olzai una delle tre testimoni chiave di questo caso.

Olzai li vede agitati, è sicura che sappiano qualcosa. «Che cosa è successo?» chiede. Non le rispondono e si mettono a correre, Olzai li segue. I due ragazzi, però, non la portano sul luogo in cui Marta è caduta, ma corrono nella direzione opposta. Allora lei torna indietro, cammina verso il Centro di calcolo, entra, va al suo tavolo, spegne il computer, prende la borsa ed esce di nuovo; questa volta per andare dove Marta è caduta.

Giuliana Olzai dice di avere ancora impressa nella memoria l'immagine degli occhi chiari di Marta che la fissano, i suoi pantaloni marroni a zampa d'elefante e la maglietta beige. «Quegli occhi mi hanno sempre accompagnata», è impossibile dimenticarli. Spiega che lei aveva capito subito di aver assistito a qualcosa di molto importante. Due ragazzi che, subito dopo il tonfo, sono visibilmente agitati e, appena si accorgono di essere notati, scappano. Pochi minuti dopo aver assistito a questa scena, Olzai saprà con certezza che qualcuno ha sparato a una ragazza di ventidue anni. Nonostante ciò, non racconta alla polizia questa fondamentale rivelazione sui due sospetti.

Più di cento finestre

Quel giorno è Patrizio Cardinali il primo a soccorrere Marta. È uno specializzando in neurologia, ha appena prelevato dei soldi al bancomat e sta camminando con un amico per le strade interne della città universitaria. Quando arriva vicino all'entrata della facoltà di Statistica vede alcune persone al centro del vialetto circondato dai palazzi arancioni, alti quattro o cinque piani. Si accorge che c'è una ragazza per terra. Sente qualcuno dire che «forse è solo un malore». Cardinali spiega di essere un medico, e subito si avvicina al corpo. «L'ho rianimata bocca a bocca, che è una cosa che non si fa più. A un certo punto mi sono accorto che sulla mano c'era del materiale cerebrale. Allora sono andato a vedere, e con un dito ho sentito che c'era un foro. La ragazza, dal punto di vista neurologico, era morta sul colpo» ci ha raccontato al telefono.

Cardinali è rimasto molto legato al ricordo di Marta. Perfino sua sorella, pur non avendola mai conosciuta, ogni tanto va a trovarla al cimitero. Molte delle persone che abbiamo incontrato, coinvolte direttamente o indirettamente in questo caso, hanno un ricordo indelebile di quella mattina. Qualcuno aveva sparato in un luogo che dovrebbe essere sicuro e protetto, facendo riemergere l'angoscia degli anni Settanta, quando era normale avere il terrore di andare all'università. Quella morte è paurosa per lo stesso motivo per cui ci spaventa di più una sparatoria in una scuola che non in guerra. In quei giorni non si parla d'altro, anche se un carro armato artigianale della Lega secessionista ha occupato il campanile di San Marco a Venezia, anche se ci sono le elezioni amministrative. Chi può avere sparato a una studentessa? E perché? È un attentato?

Arrivati sul luogo del delitto, gli inquirenti si rendono subito conto che l'indagine è molto difficile. Il colpo deve essere partito da una finestra, ma sulla stradina dove camminava Marta si affacciano più di cento finestre. Le possibili traiettorie sono infinite, perché non sappiamo la posizione esatta della testa di Marta al momento dell'impatto e quindi non possiamo sapere quale sia il punto da cui è partito lo sparo.

Il bossolo non si trova, la pistola nemmeno, il movente non si capisce. E anche per questo il caso attira un'incredibile attenzione da parte dell'opinione pubblica. Perché gli omicidi che ci inquietano di più sonc proprio quelli senza spiegazione. «Sarebbe potuto succedere a me» è il pensiero di tutti in quelle settimane.

Il 9 maggio, poco dopo mezzogiorno, sul luogo del delitto arrivano il pubblico ministero Carlo Lasperanza, il capo della Digos Domenico Vulpiani, il capo della Squadra mobile Nicolò D'Angelo e Martino Farneti, consulente tecnico del pubblico ministero. D'Angelo capisce subito che ricostruire con certezza una traiettoria in quel viale è quasi impossibile e che la scena del crimine è un rompicapo. È stata questa la prima cosa che ci ha detto quando siamo andate a intervistarlo nel suo nuovo ufficio sull'Appia Antica. Oggi è il responsabile della sicurezza della Lazio, lo chiamano il «pretoriano» di Claudio Lotito, ha i baffi e indossa sempre occhiali scuri. Nella sua lunga carriera, fino alla carica di prefetto e all'incarico di vicecapo della polizia, si è occupato di sequestri e omicidi, di terroristi latitanti e della banda della Magliana.

Durante l'intervista ci ha detto che tecnicamente, dal punto di vista investigativo, sul caso Marta Russo le indagini erano «all'anno zero». Ci ha parlato della sfiducia e della diffidenza tra i suoi colleghi che gli ripetevano: «Non si scopre, non si scopre, non ci sono elementi!». E D'Angelo, sentendosi sfidato, rispondeva che gli elementi «si trovano».

La complessità della scena del crimine è dovuta alle caratteristiche della stradina lungo la quale camminavano Marta e Iolanda. È un luogo aperto, difficile da delimitare e da preservare, ci sono moltissime finestre da cui qualcuno potrebbe avere sparato, ci passano moltissime persone ed è impossibile controllarle tutte. La città universitaria ha varie uscite che non si possono bloccare nel giro di pochi minuti. Insomma, chi ha sparato potrebbe essere già corso via quando arrivano gli inquirenti.

«*L'aurora*»

Fin dal primo bollettino medico le condizioni di Marta sono dichiarate gravi. C'è scritto che «i parametri vitali sono stabili», ma quell'aggettivo è ingannevole. Il proiettile l'ha colpita dietro all'orecchio sinistro, in un punto dove l'osso è particolarmente fragile. Si è frammentato in molti pezzi e quello più grande ha lesionato il tronco encefalico. Il danno è irreversibile. Marta è in coma e ha bisogno di un respiratore artificiale. La famiglia e gli amici trascorrono i giorni e le notti al terzo piano del policlinico Umberto I. Le parlano, aspettano, sperano. Luca, il fidanzato, le fa ascoltare la sua canzone preferita, *L'aurora*, di Eros Ramazzotti.

La notte tra il 13 e il 14 maggio Marta muore. Aureliana e Donato Russo autorizzano il prelievo dei suoi organi seguendo quello che era il desiderio della figlia. Lo aveva detto ai genitori parlando di Nicholas Green, un bambino americano di sette anni morto nell'ottobre 1994, mentre stava andando in vacanza in Sicilia. Era in auto con la famiglia quando la loro Y10 era stata assalita, probabilmente perché somigliava a quella di un gioielliere della zona. Nello scontro era partito un colpo che aveva ferito a morte il ragazzino. All'epoca, alla televisione si era parlato molto di questa storia, e il telegiornale aveva dato la notizia che i genitori di Nicholas avevano deciso di donare gli organi del figlio. A tavola con i suoi, Marta aveva commentato: «Se mi succedesse qualcosa, vorrei che faceste lo stesso».[3]

Riflessioni sulla morte e sul desiderio di aiutare le altre persone tornano spesso nei suoi diari: «La vita è solo dolore, penso alle persone destinate a morire ma che amano lo stesso la vita» scriveva Marta. Qualche pagina dopo: «Allora credo che posso fare qualcosa per gli altri. Vorrei mettere a disposizione la mia vita per gli altri». E poi: «La vita ci mette alla prova e non è affatto facile vivere, non si può sperare che le cose vadano come vorremmo, per essere felici».[4]

La mattina del 14 maggio, cinquemila studenti camminano in silenzio lungo le stradine della città universitaria per ricordare Marta. La domenica successiva alcuni tifosi della Roma espongono nella curva Sud uno striscione per lei: MARTA, IL TUO RICORDO VIVRÀ PER SEMPRE». E nel punto dove è stata colpita si accumulano biglietti, fiori e peluche.

Il bagno disabili

Dopo i primi sopralluoghi, gli inquirenti iniziano a fare delle ipotesi. La mattina del 10 maggio sulla «Repubblica» c'è un'intervista al procuratore Carlo Lasperanza. Si intitola *Università, torna la paura*. La paura del terrorismo, che proprio alla Sapienza, nel decennio precedente, ha ucciso i professori Vittorio Bachelet ed Ezio Tarantelli. L'ipotesi politica è la prima a essere presa in considerazione. Tuttavia «il magistrato inquirente, Carlo Lasperanza, con un sorriso dice che si indaga a 360 gradi, che tutte le piste sono aperte».

Ci sono state da poco le elezioni universitarie, ha vinto

la destra di Alleanza nazionale e si teme una reazione della sinistra estremista. E poi c'è una ricorrenza particolarmente inquietante. Il 9 maggio 1978 è il giorno del ritrovamento del cadavere di Aldo Moro. Nella tarda mattinata del 9 maggio di diciannove anni prima, Valerio Morucci delle Brigate Rosse aveva telefonato al professor Franco Tritto per dirgli dove trovare il cadavere del presidente della Democrazia cristiana: «Adempiamo alle ultime volontà del presidente comunicando alla famiglia dove potrà trovare il corpo dell'onorevole Aldo Moro».

Il motivo per cui sul luogo del delitto c'è l'antiterrorismo è il sospetto che, alla Sapienza, si stiano organizzando le Nuove Brigate Rosse. Quelle che qualche anno dopo uccideranno i professori Massimo D'Antona e poi Marco Biagi. Per questo, il 9 maggio è arrivato anche Domenico Vulpiani, il capo della Digos, la divisione della polizia che combatte l'eversione e il terrorismo. Dopo il rapimento di Aldo Moro, proprio a Vulpiani era stata affidata l'organizzazione della sicurezza delle più alte cariche dello Stato, del presidente del Consiglio Giulio Andreotti, del presidente della Repubblica Giovanni Leone, e del ministro dell'Interno Francesco Cossiga. Le vecchie Brigate Rosse avevano già colpito dei professori; per questo si prende in considerazione l'ipotesi che il bersaglio dovesse essere un docente. Anche perché in quel momento nel vialetto stava passando la Mini 90 di un professore, Cesare Marongiu. Forse chi ha sparato voleva colpire lui?

Il fatto che nel passato di Marta non ci fosse niente di sospetto, niente che potesse giustificare un agguato o una vendetta, rende plausibili le piste del terrorismo o dello scambio di persona. Se Marta non aveva nemici, Iolanda, che le camminava accanto, racconta di aver ricevuto quattro o cinque telefonate anonime negli ultimi giorni, pochi squilli e poi il silenzio. C'è anche un uomo che chiama nella notte suo padre Renato, urlando delle frasi volgari su Iolanda.

Ricci è stato per trent'anni un funzionario del ministero di Grazia e Giustizia; è stato anche direttore del carcere di Capraia e poi vicedirettore di Rebibbia. Sparare a Iolanda Ricci potrebbe essere la vendetta di un ex detenuto?

La sera del 10 maggio uno studente di Scienze politiche telefona alla polizia. La mattina del delitto ha notato qualcosa di insolito nel bagno disabili, al piano terra della facoltà di Statistica. La registrazione di quella telefonata l'abbiamo trovata nell'archivio del tribunale di Roma, in uno dei faldoni dove sono conservati i documenti del fascicolo processuale.

È un'audiocassetta TDK e sul cartoncino c'è scritto in stampatello TELEFONATA 113 ORE 22.35 10 MAGGIO 1997. Siamo tornate in archivio con un fonico forense e restauratore del suono per convertire la cassetta in formato digitale e poterla ascoltare: «Sono uno studente di Scienze politiche e mi è venuta in mente una cosa a proposito di quella ragazza cui hanno sparato ieri. Non so se già si è capito da dove hanno sparato. Però, siccome proprio verso quell'ora io sono stato in un bagno, in un bagno particolare, lì nella facoltà di Statistica».

L'operatrice del 113 gli chiede che cosa ci fosse di particolare in quel bagno. «È un bagno per portatori di handicap, dove la finestra era completamente spalancata. Era una cosa un po' inconsueta perché si affaccia proprio sulla strada. Diciamo che in un bagno generalmente non si lascia una finestra spalancata sennò si può anche vedere da fuori chi c'è dentro. Insomma, mi ha dato... non dico insospettito, ma era un fatto strano, e l'ho accostata. Potrebbe essere il punto da cui hanno sparato, visto che mi sembra che sia piuttosto vicino al punto dove poi è stata colpita.»

Proprio durante i primi sopralluoghi la polizia scientifica entra nei bagni di Statistica, quelli al piano terra di uno degli edifici che si affacciano sul vialetto, confermando i sospetti dello studente che aveva chiamato il 113. I periti sembrano dare per scontato che chi ha sparato l'ha fatto da un luogo dove ci si può chiudere a chiave e agire indisturbati. Certo non da un'aula universitaria o da un corridoio dove passano centinaia di persone.

Quella finestra, la più vicina a dove Marta è caduta, viene indicata come probabile punto di provenienza dello sparo anche da un ragazzo che stava percorrendo il vialetto nella direzione opposta rispetto a Marta e Iolanda. Gli inquirenti sanno che Marta è caduta all'altezza di quella finestra.

Sono ormai passati due giorni dal delitto, è domenica, l'università è deserta e gli agenti ne approfittano per perlustrare il luogo un'altra volta. Uno di loro si accovaccia sull'asfalto, poi grida per chiamare gli altri. Ha trovato un bossolo che fino a quel momento è rimasto nascosto da una macchina parcheggiata. Nessuno ha dubbi: siamo all'università, non al fronte né in un poligono di tiro, è naturale pensare che quel bossolo abbia a che fare con lo sparo che ha colpito Marta, che sia il bossolo che stanno cercando. Ma non è così, e la scoperta è inquietante: significa che qualcuno ha già sparato. Sul muro di fronte si trovano addirittura delle scalfitture che sembrano fori di proiettile. Anche questi sono vecchi, risalgono a prima del 9 maggio, non c'entrano con il colpo che ha raggiunto Marta, e in generale con questo delitto.

I fori sono proprio di fronte al bagno del piano terra, il bagno disabili. Significa che qualcuno ha già sparato da quel punto, almeno due volte, senza ferire o uccidere nessuno. Ma se al momento dello sparo su quella traiettoria si fosse frapposto un passante, il proiettile lo avrebbe colpito. Il bagno disabili, adesso, è la pista su cui tutti gli inquirenti scommettono. Con una scena del crimine così complicata e ipotesi fumose e disparate, finalmente hanno in mano qualcosa di concreto.

Scoprono che quel bagno è utilizzato abitualmente dai dipendenti della Pul.Tra, l'impresa di pulizia dell'università. La porta accanto è quella del loro ripostiglio. I poliziotti entrano e iniziano a rovistare. Aprono gli armadietti, con le ante scrostate e le figurine dei calciatori della Roma attaccate sopra, e dentro ci trovano tute da lavoro, guanti, caschetti, ma non solo. Anche qui ci sono dei bossoli e un tubo che assomiglia a un silenziatore artigianale.

Si viene a sapere che gli stessi dipendenti hanno soprannominato quel magazzino «il deposito delle munizioni». Indagando su di loro, la polizia scopre che molti hanno il porto d'armi e frequentano abitualmente il poligono. Basterebbe questo a insospettire, ma c'è un'altra circostanza significativa: l'arma che ha ferito Marta è una calibro 22, un'arma da tiro che si usa proprio al poligono.

La Squadra mobile interroga i dipendenti della Pul.Tra e mette le cimici per sentire che cosa si dicono quando credono di non essere ascoltati. Abbiamo cercato quei vecchi nastri con le loro conversazioni negli archivi del carcere di Rebibbia e questo è quello che si dicono, il 12 maggio, Maurizio Patruno e Pasquale Nicoscia:

PASQUALE NICOSCIA: «Hanno trovato quei c... di proiettili. Ma chi c...?».

MAURIZIO PATRUNO: «I proiettili! Ti ricordi quando O. ha sparato dentro al magazzino?».

PASQUALE NICOSCIA: «Porco...».

MAURIZIO PATRUNO: «Eh, e hanno trovato il bossolo. M'ha detto: di chi è il bossolo? Chi l'ha messo? E io ho detto: c'è cascato».[5]

I proiettili non sono l'unico argomento di cui i due parlano. Si lamentano anche di come sono stati trattati dalla Squadra mobile:

MAURIZIO PATRUNO: «Sta' bono. M'ha dato un cazzotto in faccia quel pezzo di merda coi baffi».

PASQUALE NICOSCIA: «A te? A tutti».

MAURIZIO PATRUNO: «A tutti hanno menato».

[...]

MAURIZIO PATRUNO: «Mi hanno menato. M'hanno ammazzato di botte a me. Porco... m'hanno ammazzato. A casa mia, la padrona di casa ha visto che pigliavo una pizza in faccia, davanti a tutti. Quella mi caccia pure via!».

[...]

PASQUALE NICOSCIA: «M'hanno gonfiato di botte».

MAURIZIO PATRUNO: «Lo so. Però, cioè... di', che sei, scemo?».

PASQUALE NICOSCIA: «E che ne so? Ho detto la verità, scusa. Se no non mi lasciavano più!».

[...]

MAURIZIO PATRUNO: «Ma questo, ma pure a me il baffo: tu sei str..., pezzo di mer..., m'ha preso per qui, pure a te? Mo so' annati a perquisi' la casa della mia ex ragazza... di mia sorella. [...] Quello non vuole sape' ragioni, il baffo. Ha detto: io ti faccio fare un c... così, ti do vent'anni. Lo sai che mi ha detto? Io ti do vent'anni di galera. Pe' facce mette paura, pe' facce parla'».

In un'informativa congiunta del 12 maggio la Digos e la Squadra mobile spiegano che il colpo sarebbe partito proprio dal bagno usato abitualmente dai dipendenti della Pul.Tra: «I fori di proiettile dimostrano e confermano che in precedenza all'evento delittuoso, e probabilmente dallo stesso punto di fuoco, sono stati sparati dei colpi. Alcune delle persone rintracciate sono solite "divertirsi" a sparare così come è emerso in sede di intercettazione ambientale. I dipendenti della ditta di pulizia osservano una pausa tra le 9.20 e le 14.00: pertanto nell'orario del tentato omicidio erano tutti liberi da impegni lavorativi».

A pagina 4 dell'informativa c'è scritto che «il più accreditabile luogo da cui è stato esploso il colpo» è il bagno disabili, al piano terra della facoltà di Statistica. Ci sono i vecchi fori, che confermano che qualcuno ha già sparato, e alcune persone che si divertono a sparare e che parlano di armi. Ma non solo. Dopo l'autopsia, quando sarà possibile analizzare i frammenti del proiettile, i periti individueranno alcuni filamenti di fibra di vetro identici a quelli che si trovano nel controsoffitto di quel bagno al piano terra. Quello che lo studente che chiama il 113 ha visto con la finestra aperta la mattina del delitto.

II

«L'angelo vendicatore»

Sono passate cinque settimane dallo sparo. La sera del 14 giugno Salvatore Ferraro sta suonando alla chitarra *Me and the Devil Blues* di Robert Johnson, un brano che parla del diavolo che bussa alla porta. In quel momento sente urlare: «Polizia, apra!».

Quando gli abbiamo chiesto di quella notte, Salvatore ha cambiato tono di voce. Ha iniziato raccontandoci alcuni dettagli: la posizione degli oggetti nella sua stanza, le parole di una strofa della canzone, il rumore di passi per le scale. Gli era stato difficile capire cosa stava succedendo, perché la polizia era lì e cosa c'entrava lui in quella storia: «Io rimango esterrefatto. Subito dopo, dei poliziotti, che evidentemente erano già su, hanno ripetutamente suonato il campanello». I poliziotti chiedono a Salvatore di seguirli e lo portano alla questura di San Vitale, vicino al Quirinale. Lì comincia la sua attesa. «In una dimensione che ho sempre definito surreale, perché non si può dire né dolorosa né di paura, ma quasi grottesca. Perché più si andava avanti e più si concretizzava questa cosa: che io stavo per essere arrestato. Mi pareva veramente una follia. E molti mi hanno detto: "Ma come hai fatto a sopravvivere, anche semplicemente al primo giorno di galera, visto che sai di essere innocente? Come hai fatto?". Ebbene, lì vivi con una sorta di speranza: "Be', se ne accorgeranno subito, se ne accorgeranno domani mattina".» Si accorgeranno di essersi sbagliati.

Salvatore Ferraro è un assistente universitario. Ha trent'anni, è calabrese ed è venuto a Roma per studiare giurisprudenza. Vive con la sorella Teresa in un piccolo appartamento a pochi minuti dalla città universitaria. La persona con cui ha legato di più, tra quelle che ha conosciuto dopo essersi trasferito, si chiama Giovanni Scattone. Anche Scattone è un assistente di filosofia del diritto e ha ventinove anni. Giovanni vive ancora con suo padre Giuseppe, in una palazzina in cima alla salita di una strada tranquilla nella zona residenziale dell'Eur. La madre è morta qualche anno prima e i due fratelli più grandi sono già andati via di casa.

La loro vita è simile a quella di molti loro coetanei. Vanno quasi tutti i giorni in facoltà, spesso fanno insieme gli esami, i seminari e il ricevimento degli studenti; ogni tanto organizzano delle cene in pizzeria o a casa di qualcuno dell'università.

Nella stessa notte di sabato 14 giugno, Scattone viene arrestato mentre sta mangiando una pizza con alcuni amici vicino al Foro Italico. Anche lui, ancora oggi, non si spiega come sia riuscito a mantenere la calma nel momento in cui ha visto una pattuglia della polizia entrare nel ristorante, venire verso di lui, chiedergli di alzarsi e dirgli che lo stavano portando in carcere.

Fino a quel sabato sera, Scattone e Ferraro sono due ragazzi come tanti, che non hanno mai immaginato di poter essere accusati di un omicidio e non hanno mai avuto niente a che fare con la criminalità. All'improvviso la loro vita viene irrimediabilmente interrotta.

Che cosa è successo tra i giorni in cui la polizia era convinta che i responsabili dell'omicidio dovessero essere cercati tra i dipendenti della Pul.Tra e la sera dell'arresto di Ferraro e Scattone?

Il 20 maggio arrivano i risultati degli oltre quaranta rilievi fatti all'università. Una perizia della Scientifica dice che sul davanzale di una finestra dell'aula 6, l'aula assistenti dell'istituto, quella dove Giovanni e Salvatore lavorano ogni giorno, c'è sicuramente un residuo di polvere da sparo.

Gli inquirenti si concentrano sulle persone che la frequentano: il colpevole dev'essere uno di loro. Cercando di restringere il numero dei sospetti, scoprono che molti assistenti non erano alla Sapienza quel giorno perché partecipavano a un convegno a Teramo o stavano facendo supplenza in qualche scuola. Scattone e Ferraro, invece, non hanno un alibi.

La perizia dirotta sull'aula 6 le indagini che fino a quel momento si erano concentrate sul bagno al piano terra e sull'attiguo locale utilizzato dalla Pul.Tra. Tutto ciò che avviene dopo è una conseguenza di questa premessa: c'è un granello di polvere da sparo sul davanzale dell'aula assistenti.

In realtà, ci sono particelle simili in altri luoghi dell'università e quel granello di polvere sulla finestra potrebbe anche essere il residuo di una fotocopiatrice o dei freni di una macchina.

Giovanni Scattone, che come Salvatore Ferraro si è sempre proclamato innocente, è convinto che gli inquirenti abbiano abbandonato l'ipotesi del bagno disabili al piano terra per concentrarsi su un'aula di Filosofia del diritto, all'inizio perché fuorviati dal ritrovamento di un presunto residuo di sparo e poi per convenienza investigativa, dato che è molto più facile indagare su una stanza normalmente frequentata da poche persone, dottorandi e impiegati facili da identificare.[1] Procedere per esclusione nella verifica degli alibi è ancora più semplice per il 9 maggio, perché quel giorno c'è un convegno del professor Bruno Romano, il direttore dell'istituto, e molti degli assistenti sono fuori città per questa ragione. Giovanni Scattone e Salvatore Ferraro sono tra i pochi rimasti a Roma, sono nei paraggi dell'università, frequentano quell'aula e non hanno un alibi.

C'è poi un altro elemento che rende più semplice un'indagine sull'aula 6 piuttosto che sul bagno disabili: la presenza in quella stanza di un telefono.

Adesso che la scena del crimine è stata individuata, la prima domanda cui i poliziotti devono rispondere è: chi c'era lì dentro all'ora del delitto? Nicolò D'Angelo, capo della Squadra mobile, entra, si guarda intorno, osserva le librerie piene di volumi, i computer, le scrivanie, le finestre. Poi ha un'intuizione. «Da dove esce la chiave di volta? Io entro nella stanza, nella sala assistenti, e la mia attenzione si focalizza sul telefono interno. Allora ricordo di aver detto all'attuale prefetto Giannini, che era funzionario alla Digos: "Vogliamo verificare se da questo telefono è partita una telefonata?". E siccome a pensar male non si fa peccato, qualche volta... effettivamente è uscita una telefonata! All'ora X. Esattamente un paio, un minuto dopo, due minuti dopo lo sparo che vede poi soccombere la povera Marta Russo. E chi telefona da quel telefono? La Chiara Lipari! E quindi, giocoforza, si va a prendere la Chiara Lipari».[2]

Dai tabulati telefonici risultano in effetti due telefonate: la prima alle 11.44, due minuti dopo lo sparo, e la seconda alle 11.48. La prima chiamata è diretta a casa Lipari, la seconda allo studio Lipari. A telefonare non può che essere stata Maria Chiara Lipari, una dottoranda di filosofia del diritto che collabora con la cattedra di Bruno Romano, il direttore dell'istituto.

La casa verso cui è diretta la prima telefonata è quella dei suoi genitori, mentre lo studio Lipari è quello del padre, un avvocato che a Roma conoscono tutti, professore ordinario di diritto civile alla Sapienza. Eletto due volte senatore della Democrazia cristiana, è stato membro della Commissione stragi e della Commissione vigilanza Rai. Su indicazione del presidente della Dc, ha anche fatto parte del consiglio di amministrazione della televisione pubblica, dove ha intrapreso una battaglia contro gli iscritti alla loggia P2 all'interno dell'azienda. Ha ricevuto dal presidente della Repubblica la medaglia d'oro conferita ai benemeriti della scuola, della cultura e dell'arte. Anche Giuseppe Conte ha scritto alcune pubblicazioni giuridiche in suo onore.[3]

Durante il processo, Maria Chiara racconterà di quelle due telefonate e del suo stupore che a casa non le avesse risposto nessuno, visto che c'erano sempre almeno un paio di donne di servizio. È proprio per questa ragione che, per parlare con i suoi genitori, ha poi telefonato allo studio del padre.

La polizia vuole sapere che cosa ricorda di quando è entrata nell'aula 6, poco dopo l'ora del delitto. Ci sono grandi aspettative su di lei, benché sembri difficile dare per scontato che abbia visto qualcosa. Quando Maria Chiara entra, infatti, sono già passati due minuti dallo sparo e, anche se l'aula 6 fosse con certezza quella da cui è partito il colpo, in quei due minuti l'assassino avrebbe avuto il tempo di uscire dalla stanza e scappare.

Il pomeriggio del 21 maggio Maria Chiara viene convocata al commissariato di polizia dell'università, nell'edificio giallo a due piani vicino a Scienze politiche. Cosa ha fatto la mattina del 9?

Lipari risponde di essere arrivata all'università in macchina, verso le dieci di mattina, di essere entrata in istituto, di aver salutato gli impiegati della segreteria, di avere poi incontrato una laureanda che aveva bisogno di consigli per finire la tesi e di aver discusso con lei il titolo.

Ma quello che interessa e che gli inquirenti vogliono sapere è: quando ha telefonato, alle 11.44, due minuti dopo lo sparo, chi c'era nell'aula?

«Sono entrata nella sala assistenti per telefonare a mio padre. Mi pare che quando ho fatto la telefonata nella sala assistenti non c'era nessuno.» La prima versione è dunque che alle 11.44 l'aula 6 è vuota.

Alle 19.30 di quel 21 maggio si fa una pausa: gli inquirenti hanno bisogno di fare alcuni accertamenti tecnici sui tabulati telefonici. Le telefonate di Lipari sono un passaggio fondamentale dell'indagine, bisogna prestare molta attenzione ai dettagli. Non solo ai minuti, anche ai secondi.

Gli inquirenti rientrano nella stanza dell'interrogatorio: «Sono passati quattro minuti tra la prima e la seconda telefonata, che cosa ha fatto in quell'arco di tempo?».

Maria Chiara Lipari non se lo ricorda. Nella prima ricostruzione, infatti, le viene spontaneo raccontare delle telefonate come se fossero state fatte una di seguito all'altra, non accenna a una pausa tra la prima e la seconda né dice di essere uscita dalla stanza tra le due. Eppure, gli investigatori sono certi, tabulati alla mano: «Sono passati quattro minuti tra la prima e la seconda telefonata; che cosa ha fatto in quell'arco di tempo?». A questo punto la dottoranda dice di essere uscita dall'aula 6 dopo la prima telefonata, di aver percorso il corridoio e di aver fatto delle cose in segreteria o forse in aula fax. Poi aggiunge che durante la prima telefonata era sola nell'aula 6, ma che durante la seconda telefonata c'erano alcune persone e un clima teso, «come un'aria trattenuta, un'aria di gelo».

L'interrogatorio viene di nuovo sospeso. Si ricomincia verso le 22.00. Cosa è successo nel frattempo? Non lo sappiamo, non ci sono verbali. Quello che sappiamo è che, subito dopo la pausa, Maria Chiara Lipari aggiunge degli elementi al suo racconto e modifica alcuni dettagli delle dichiarazioni precedenti: «Qualcuno è uscito frettolosamente. Ha aperto la porta dall'interno e, passandomi accanto nell'uscire, mi ha salutato bofonchiando qualcosa. Forse ne ho riconosciuto la voce, ma non mi sento di dire chi fosse, perché non vorrei accusare una persona, non essendo sicura».

È ormai notte quando le viene in mente un particolare che

risale a una conversazione avuta con un suo amico alcuni giorni prima. Sono ore che si sforza di ricordare qualcosa in più, e questo è tutto ciò che è riuscita a ricostruire: l'amico le ha detto che un altro assistente, Massimo Mancini, è un appassionato di armi e indossa spesso una tuta mimetica.

Maria Chiara fa il nome di Mancini: potrebbe essere lui quello che è uscito dall'aula 6 dicendole «Ciao, Chiara». È un suo pari grado, un assistente come lei, e anche questo elemento le torna, perché chi è uscito dalla stanza l'ha salutata con un «ciao» e quindi deve trattarsi di qualcuno con cui ha confidenza, non uno studente né un usciere della Sapienza.

Finalmente, dunque, dà un nome agli inquirenti e non parla solo di ricordi vaghi, di presenze evanescenti e di atmosfere. Subito una decina di poliziotti sale sulle volanti e si dirige a casa di Mancini. Citofonano ad altri inquilini del palazzo per farsi aprire il portone fingendosi vigili urbani che devono notificare una contravvenzione. Lo fanno per non allertare Mancini, per mantenere l'effetto sorpresa evitando che possa sfruttare il tempo necessario a salire al suo piano per nascondere delle prove oppure, visto che a casa sua ci sono delle armi, provare a reagire. Arrivano davanti all'appartamento di Mancini: «Aprite o sfondiamo la porta!».

Entrano in casa armi alla mano. Lui è con Catia, la fidanzata. Lo immobilizzano, lo mettono faccia al muro e lo tengono in quella posizione, sotto la minaccia delle armi, per qualche minuto, fino a quando non si rendono conto che la situazione non richiede un intervento simile. Che Mancini non è pericoloso. I poliziotti cambiano atteggiamento: «Si sono proprio letteralmente accomodati e seduti. Ricordo che hanno pure chiesto se potevano vedere la partita, perché c'era una partita in televisione» ci ha detto Mancini. Poi scortano entrambi in questura in due macchine separate, in modo che non possano parlarsi, magari concordare un alibi, una versione coerente da dare agli inquirenti.

Mancini però l'alibi ce l'aveva davvero, e la polizia ha potuto verificarlo: la mattina del 9 maggio era a casa con la fidanzata Catia e hanno dormito fino alle due. Nessuno lo ha visto all'università e alle 11.20 ha ricevuto una telefonata di una dipendente della segreteria di Romano. La voce è registrata sulla sua segreteria telefonica per i primi quarantuno secondi, poi scatta automaticamente il fax e il sibilo interrompe la registrazione della voce sul nastro.

A noi Massimo Mancini ha detto di non riuscire ancora a spiegarsi come fossero arrivati a lui: gli inquirenti sostengono che sia stata Maria Chiara Lipari a fare il suo nome, mentre Maria Chiara dirà che sono stati gli inquirenti a parlarle di Mancini come di una «possibilità», quando lei non ci pensava proprio. «Io mi limito a considerare, come diceva padre Aristotele, che non possono essere vere entrambe le proposizioni.» A distanza di ventitré anni ripensare a questa vicenda gli provocava ancora angoscia. «Mi sono sempre domandato: se io quel giorno, invece di dormire, stavo all'università, a quest'ora in galera c'ero io! Ma la cosa che mi preoccupa di più, francamente, è il fatto che io credo, è la mia convinzione, che chi ha ammazzato questa ragazza sia ancora fuori.»

Quattro minuti

Massimo Mancini non è l'unico elemento su cui Maria Chiara Lipari si sbaglia.

Sollecitata dai poliziotti, ha descritto i suoi movimenti nella tarda mattinata del 9 maggio dicendo di essere entrata nell'aula 6 una prima volta per chiamare casa. Il telefono squilla a vuoto e in quel momento nel locale non c'è nessuno. Poi è uscita dalla stanza, si è diretta all'aula fax o alla segreteria, è tornata dopo alcuni minuti per provare di nuovo a telefonare. Ha chiamato lo studio del padre e qualcuno ha risposto. In questo momento nella stanza ci sono delle persone.

Eppure qualcosa non torna. I poliziotti hanno sbagliato la lettura dei tabulati, scambiando l'orario di fine della seconda chiamata per quello dell'inizio. Il buco di quattro minuti tra le due telefonate non esiste. È dovuto a un errore tecnico. Tra la prima e la seconda chiamata non intercorrono quattro minuti ma solo ventitré secondi, il tempo che serve per riattaccare e comporre il numero dello studio Lipari con un vecchio apparecchio telefonico. Non è possibile che in ventitré secondi Lipari sia uscita, sia andata nell'aula fax o in segreteria, e poi sia rientrata per fare il nuovo numero. Quelle due telefonate sono contigue. Di conseguenza non esistono due momenti distinti, uno in cui nella stanza ci sarebbe solo Maria Chiara e uno in cui insieme a lei ci sarebbero altre persone. A quale versione dovremmo credere, alla stanza vuota oppure alla presenza di altri?

I ricordi di Lipari sembrano sempre più confusi. Ma è ancora la sola testimone e, quindi, l'unica speranza degli inquirenti.

Su Massimo Mancini si è sbagliata e quello che ha raccontato circa le due telefonate del 9 maggio non può essere vero. Eppure, Maria Chiara Lipari viene nuovamente interrogata. In commissariato la dottoranda fornisce un'ennesima versione ed è così che l'aula 6 si popola di due nuove persone. Una è sicuramente una donna, anche se solo poche ore prima Lipari aveva escluso presenze femminili. «La presenza femminile di cui ho parlato è identificabile in Gabriella, probabilmente perché quello che ricordo è un interrogativo che mi è passato nel cervello come un lampo in quel momento e cioè: "Che ci fa Gabriella qua?".»

Gabriella Alletto è la segretaria dell'istituto di Filosofia del diritto, non è un'assistente e neppure un'addetta alla biblioteca (una parte dei volumi dell'istituto è conservata proprio in quell'aula) e Lipari deve aver ritenuto quindi insolito trovarla nella stanza. Gli inquirenti hanno continuato a chiederle di sforzarsi e solo a quel punto le sono venuti in mente i due nomi, quello della segretaria e quello di Francesco Liparota. Liparota è un usciere, un altro dipendente della Sapienza, che ogni tanto aiuta gli addetti alla biblioteca.

Anche con i verbali davanti, e con una cronologia scritta delle varie evoluzioni che riempiva due fogli A3, abbiamo fatto fatica a star dietro al racconto di Lipari. C'erano contraddizioni («Non c'erano donne» e poche ore dopo «C'era Gabriella») ed errori veri e propri (l'indicazione di Mancini e i quattro minuti inesistenti tra la prima e la seconda telefonata riempiti di ricordi).

Forse la sua confusione può essere spiegata almeno in parte con le continue pressioni che Maria Chiara ha subito. Con lei gli inquirenti sono stati molto insistenti. Sfogandosi al telefono con un amico, Jacopo Maggio, è lei stessa a raccontarlo: «Questo diceva: "Sputtano lei, sputtano suo padre!" eccetera». Jacopo le domanda perché si comportassero così e lei risponde: «Per intimidirti, per costringerti. Tutto il pomeriggio sono stati a dirmi: "Lei è in una posizione delicata. Lei sa, *mors tua vita mea*, eccetera. Ma che, cioè, non stava né in cielo né in terra, capito?, che io stessi lì con dei ricordi precisi che però non volevo dire per paura, e per cui loro mi dicevano "Sì, però allora ti incolpiamo a te, per cui dillo!". Cioè, non sta né in cielo né in terra».

Maria Chiara passa tutta la notte in commissariato. La mattina dopo è proprio la segretaria Gabriella Alletto, una delle due persone di cui Lipari ha appena fatto il nome, a chiamarla al telefono per chiederle se sarebbe andata in università. Maria Chiara le dice che è stanchissima e non ha le forze per presentarsi quel giorno.

Parlando al telefono con i suoi amici, Lipari si lamenta dei metodi usati dalla polizia, soprattutto da «un certo procuratore»: «Questi fino alle cinque di mattina hanno voluto assolutamente che dal subconscio, dal... veramente dall'ano, proprio, del cervello, mi venisse in mente qualche faccia, qualche immagine, qualche... Un parto che sono anche riuscita a recuperare, qualche sensazione, qualche immagine. Insomma un casino, guarda, una cosa di un doloroso poi, pure perché quest'ultimo interrogatorio è stato di due ore e mezzo con un certo procuratore e questo procuratore era proprio, insomma, è stato anche a tratti violento. Sì, insomma, psicologicamente, verbalmente, quello che è».

Se era angosciante ascoltare le minacce che aveva subito Lipari, lo era ancora di più ascoltare la testimone che cambierà le sorti delle indagini domandarsi cosa avrebbe dovuto dire, dato che non ricordava. «Non stava né in cielo né in terra, capito?, che io stessi lì con dei ricordi precisi che però non volevo dire per paura, e per cui loro mi dicevano "Sì, però allora ti incolpiamo a te, per cui dillo!".»

È il 23 maggio. Nonostante Lipari dica di non riuscire a ricordare, ha già coinvolto nelle indagini Massimo Mancini, Gabriella Alletto e Francesco Liparota.

Quando abbiamo parlato con Salvatore Ferraro, gli abbiamo chiesto cosa aveva pensato di tutto quello che stava succedendo. Ciò che lo aveva colpito di più, durante la fase precedente al suo arresto, era stata l'irruzione dei poliziotti in casa di Mancini: «Ritenendolo il responsabile, dopo le dichiarazioni della Lipari, viene prelevato e portato in questura in malo modo. Massimo Mancini, fortuna per lui – e sono contentissimo – aveva un alibi tecnico; è riuscito a dimostrarlo». Lo stupore di Ferraro era però soprattutto legato al fatto che la testimonianza di Maria Chiara Lipari fosse stata priva di conseguenze per lei: «Cioè, questa persona mette in un verbale che Massimo Mancini è probabilmente l'assassino di Marta Russo. Voi vi rendete conto che in un sistema un minimo sensato, di buon senso, questa testimone sarebbe stata subito tacitata, se non addirittura arrestata?».

La macchina rossa

Il 24 maggio, il quotidiano romano «Il Tempo» titola: *Università: superteste ha visto il killer*. La superteste è Maria Chiara Lipari che, secondo la stampa, avrebbe riconosciuto l'assassino. Nicolò Lipari, suo padre, commenta la pubblicazione di tali indiscrezioni: «Mia figlia è sconvolta. Teme ritorsioni anche se lei non ha visto niente, né la pistola né persone nella stanza. E poi la polizia avrebbe dovuto proteggere la sua identità... Come c'è finita sui giornali?». È arrabbiato e preoccupato perché, in quel modo, il colpevole potrebbe tentare di vendicarsi.

In questo clima di sospetto e di paura, Maria Chiara Lipari esce dal portone di casa e vede un'auto rossa parcheggiata pochi metri più in là con due uomini all'interno. È sicura che siano lì per lei: i due in auto la indicano e poi parlano tra loro con un marcato accento meridionale, probabilmente calabrese. Lipari comincia a camminare, la macchina la segue e lei è nel panico. Al telefono con il padre dice: «Ma se fosse quel calabrese, quel calabrese ci ha... può avere proprio degli amici con le armi in casa in Calabria, proprio sotto al cuscino...».

Quello che intende dire è: e se a sparare a Marta Russo fosse stato «quel calabrese»? Ciò spiegherebbe perché ci sono due persone dall'accento calabrese che la seguono in macchina. Devono essere gli amici dell'assassino «con le armi [...] proprio sotto al cuscino». Forse vogliono intimidirla, forse qualcosa di peggio.

A questo punto Maria Chiara Lipari sospetta che a sparare dalla finestra dell'aula 6 sia stato un calabrese. Salvatore Ferraro è calabrese. I suoi genitori vivono a Siderno, in provincia di Reggio Calabria. «Quel calabrese» è l'espressione che Maria Chiara usa col padre per indicare Ferraro.

È la prima volta che Lipari fa riferimento a lui come possibile responsabile dell'omicidio. Sono passate due settimane dal 9 maggio, due settimane in cui Maria Chiara non ha mai preso in considerazione questa ipotesi. È solo quando sente l'accento degli uomini nella macchina rossa, simile a quello di Salvatore, che le viene in mente un collegamento con Ferraro. Ma i due uomini nell'auto sono poliziotti. Non hanno niente a che fare con l'assassino né con Salvatore Ferraro, non sono lì per minacciarla, ma per proteggerla. Certo, non avrebbero dovuto farsi notare, e la scelta di una macchina rosso fiammante per fare un appostamento sarà considerata bizzarra anche dal presidente della Corte, Francesco Amato, una volta iniziato il processo.

Maria Chiara è agitata e infastidita; in un'altra telefonata al padre dice, riferendosi ai poliziotti: «Tu li devi minacciare a questi! Gli devi dire che devono arrivare con prove oggettive, non mi possono mettere a me in mezzo all'occhio del ciclone, che io già troppo li ho aiutati; perché non mi ricordo, non posso puntare il dito contro una persona che non sono sicura di aver visto».

Le versioni si susseguono, si accavallano, si intrecciano, e adesso c'è anche una terza persona sulla scena del delitto. Per la ricostruzione, gli inquirenti hanno bisogno di Maria Chiara e di tre manichini.

Tre manichini in aula

L'aula 6 è una stanza grande, con due finestre; al centro c'è un tavolo con dei computer, su tutte le pareti delle librerie e un telefono su un tavolino vicino alla porta, entrando a sinistra.

Il 26 maggio, i pubblici ministeri, insieme a un ispettore della Digos e alla testimone Lipari, entrano in quell'aula. I tre manichini servono a simulare la scena che Lipari ha faticosamente ricostruito e alla quale avrebbe assistito. Due vengono posizionati al centro della stanza, l'altro a destra davanti alla finestra. I primi, al centro, indicano la posizione di Gabriella Alletto e di Francesco Liparota. L'ultimo è vicino al davanzale, nel punto da cui sarebbe partito il proiettile della calibro 22 che ha colpito Marta Russo alla testa. Questa terza persona è quella che uscendo ha detto a bassa voce «Ciao, Chiara». Non è Massimo Mancini, ma è sicuramente un uomo e le dà del «tu».

Il giorno dopo, la descrizione che Maria Chiara fa di questa persona diventa più precisa. È un uomo glabro, senza barba né baffi, dal colorito pallido e con i capelli castani, proprio come Salvatore. «Potrebbe essere Ferraro?» deve domandarle qualcuno, perché questa è la risposta di Lipari: «È un più che assiduo frequentatore dell'istituto e quindi non posso dire se quel venerdì 9 maggio ci fosse o no, anche se mi sembra di ricordare di aver scambiato con lui qualche battuta a proposito [di un libro]: su questo però non sono assolutamente in grado di dire nulla di men che vago».

Neanche un anno dopo, al processo, quando Ferraro è ormai da mesi in carcere, Maria Chiara Lipari dirà di essere certa di averlo visto in quella stanza: «Ricordo, io avevo già fatto il nome di Ferraro come incerto, mi ero mostrata incerta, non solo, lo ero, avevo una grossa paura di sbagliarmi, perché Ferraro non l'ho visto in nessun altro momento quella mattina; quindi mi è rivenuto in mente un lampo di quell'istante in cui entro, questa faccia pallida, però lo descrivo, perché parlo di una faccia pallida, senza barba né baffi, capelli castani, quindi c'è una descrizione. Certo, lei mi potrà dire: "Come fa a descrivere una fisionomia di cui non si ricorda?"».[4]

Il 27 maggio è la prima volta che si parla ufficialmente di Ferraro. Finora, Lipari aveva fatto riferimento a lui solo al telefono con il padre, dopo aver visto la macchina rossa. Evidentemente, non se la sente di dire alla polizia che è Salvatore la persona vicino alla finestra, senza barba né baffi, con l'incarnato pallido e i capelli castani. Dopotutto, si tratta solo di una congettura che le è venuta in mente dopo essersi sentita intimidita da due uomini con l'accento del Sud.

Salvatore gli inquirenti l'hanno interrogato qualche giorno prima, come persona informata dei fatti, e forse il suo atteggiamento ha indispettito i poliziotti. Di una particolare attenzione per Ferraro ci ha parlato anche un testimone che la mattina del 9 maggio era all'istituto di Filosofia del diritto. Dopo averlo a lungo cercato, siamo riuscite a incontrarlo nel bar di una stazione in Piemonte, nella primavera del 2019. Vuole rimanere anonimo, soprattutto perché a noi ha raccontato delle cose importanti che all'epoca non si era sentito di riferire agli inquirenti. Lo chiameremo Luca, ovviamente è un nome di fantasia. A lui i poliziotti hanno ripetutamente chiesto di Salvatore, in modo quasi ossessivo: «Tutte e quattro le volte mi hanno sempre fatto la stessa domanda: "Ma lei Ferraro l'ha visto?"». Volevano sapere se era all'università quel venerdì in cui hanno sparato a Marta Russo. Luca rispondeva di non averlo visto e che, nei limiti del possibile, era certo che non ci fosse. Eppure, la stessa domanda gli è stata ripetuta ancora e ancora, ogni volta che è stato interrogato.

L'aspetto più rilevante è che l'insistenza su Ferraro non è emersa dopo il 24 maggio, quando gli inquirenti hanno potuto ascoltare la telefonata intercettata di Maria Chiara Lipari in cui fa riferimento a «quel calabrese». Infatti, sappiamo con certezza che Luca aveva detto a Salvatore «i poliziotti ce l'hanno con te» già tra il 17 e il 22 maggio, prima che chiunque facesse il suo nome. Per questo ciò che diceva Luca era molto importante. Il testimone parlava anche dell'atteggiamento di Salvatore come di un fattore che poteva aver attirato l'attenzione. Ne erano un esempio le battute che Ferraro aveva fatto a una cena e che erano state considerate fuori luogo, come: «La prossima volta ci porterete le arance».

A noi Ferraro ha così spiegato perché si fosse espresso in

quel modo: «Ovviamente, Filosofia del diritto era sotto indagine, i giornali già parlavano di sospettati a Filosofia del diritto, addirittura forse preannunciavano pure degli arresti. È chiaro che poi sulla battuta si può dire se sia di buon gusto o di cattivo gusto, ma rimane una battuta, assolutamente e perfettamente contestualizzata, e cioè: "Signori, il rischio qui è che ci portate delle arance, perché la stampa continua a insistere nel dire che... che questi chiuderanno il cerchio qui". E quindi: "Attenzione che forse gli esami non si faranno e ci porterete le arance in carcere". Poi, ripeto, le battute è meglio non farle, perché il senso dell'umorismo è sempre relativo».

«La chiave per risolvere il caso»

Adesso la stessa Maria Chiara inizia a sentirsi indispensabile: «Ho avuto interrogatori perché all'inizio non ricordavo, perché non puoi distinguere un giorno dall'altro facilmente [...] a un certo punto a me mi si sono proprio schiarite le idee, cioè non so chi cacchio mi ha aiutato, se veramente una mano dal cielo, lo yoga, che ne so, la concentrazione, non ti so proprio dire [...] cose che uno può ricostruire a posteriori [...] ho ricostruito a posteriori [...] ho tirato fuori una certa... una certa esasperata percettività».[5]

Nell'aula bunker dove si svolge il processo di primo grado, Maria Chiara Lipari dirà molte volte di essersi sforzata e di non ricordare «ancora». E confesserà il suo più grande timore: «Avevo paura di... così, di metterci del mio, diciamo. Cioè, questa è stata sempre la mia paura: di aggiungere qualcosa, ecco».[6]

Le chiedono anche delle sue sedute di psicoanalisi. «Io non ho interessi legati immediatamente alla sfera materiale, non mi interessano i vestiti, le cose firmate. La psicoanalisi è una cosa che costa, come sforzo personale e anche in termini economici, però è ciò che corrisponde al mio tipo di interesse.» E il suo modo di ricordare, la sua «esasperata percettività», i suoi «ricordi subliminali», la memoria cui viene in soccorso lo yoga effettivamente si addicono più al tipo di ricostruzioni che si elaborano sul lettino dello psicoanalista che non nella stanza di un commissariato, davanti a dirigenti della polizia che indagano su un caso di omicidio.

La psicoanalisi è un indizio importante per capire qualcosa di più di questa testimone. In un *setting* psicoanalitico i ricordi non coscienti oppure rimossi possono essere recuperati e ricostruiti. Ma quella memoria recuperata e ricostruita non è affidabile. Quasi sempre è ingannatrice e imprecisa, mischia elementi reali a fantasie, sogni ed elucubrazioni che sono il frutto di una visione soggettiva delle cose, di giudizi personali, di interpretazioni e di angosce. Lo sforzo mnemonico di Maria Chiara Lipari, la stratificazione dei suoi ricordi e delle diverse versioni di quanto è accaduto la mattina del 9 maggio, le domande e l'insistenza degli inquirenti, l'ossessione di essere utile, l'atteggiamento da «angelo vendicatore» sono tutti elementi che dovrebbero farci sospettare della sua credibilità.

Eppure, nessuno sembra metterla in discussione e Maria Chiara Lipari è ormai pronta a collocare anche Ferraro nell'aula 6, nonostante non ne sia affatto certa, come spiega lei stessa a suo padre in una telefonata: «Sì, la persona mi ha guardato e poi si è voltata, ho la sensazione che si sia voltata. Sì, si è voltata ma io in faccia l'ho vista, cioè ho la sensazione di averla vista in faccia... Siccome è una persona che sta sempre lì, io non potevo avere la certezza a caldo, poi, che fosse lui quella mattina, in quel minuto. Più passa il tempo e più invece si focalizza questa cosa, cioè si focalizza questa immagine. Invece, quello è il nome che posso fare in definitiva, perché quella è la faccia che mi ricordo là dentro». Maria Chiara prima parla di una «sensazione» e dice che non può avere certezze sulla presenza di Ferraro quel giorno in quell'aula, e poi, pochi secondi dopo, in quella stessa telefonata, dice invece: «Quello è il nome che posso fare in definitiva».

Adesso anche Nicolò Lipari sembra cambiare atteggiamento verso la figlia e le dà un suggerimento: «In questo momento non aggiungerei nulla, perché dai la sensazione, veramente, di voler fare l'angelo vendicatore». Ma è un'ipotesi che non preoccupa Maria Chiara. Lei, se fosse possibile nell'ambito di un'indagine, pur di ricordare ancora qualcosa si farebbe «perfino ipnotizzare».

Ora che ha identificato tutti i presenti nell'aula 6 all'ora del delitto, la dottoranda può finalmente partire per Israele a cuor leggero e andare a riposarsi. A don Chino, suo padre spirituale e compagno di viaggio, dirà: «Mi sono sforzata al di là di quello che avevo visto».

La credibilità di questa testimone non sarà messa in discussione dalla Corte che, anzi, sul suo conto accoglierà il parere degli inquirenti, i quali «ritennero, e la stessa Lipari ritenne, che ella fosse la chiave per risolvere il caso», come è scritto nella sentenza di primo grado. Ed effettivamente, così è stato. L'intera impalcatura dell'indagine, che porterà poi al processo e alla condanna di Scattone e Ferraro, non sarebbe stata la stessa se non si fosse considerata Maria Chiara Lipari «la chiave per risolvere il caso».

Durante la nostra inchiesta un ulteriore elemento ci ha portato a dubitare della sua attendibilità. Un elemento che, a differenza delle intercettazioni e degli errori messi a verbale, né gli inquirenti né la Corte potevano conoscere. Ma Luca, il testimone che era a Filosofia del diritto il 9 maggio e che all'epoca dei fatti non aveva parlato con i magistrati per via di quello che ci ha descritto come «un clima da caccia alle streghe», ci ha raccontato che la mattina del 9 maggio «alcune delle cose che la Lipari diceva di aver fatto con l'Alletto, le aveva fatte con me. E quindi io pensai: la Lipari non si ricorda niente. Perché io mi ricordo con certezza che quello che lei racconta in realtà non è vero».

III

Baroni

Quando gli inquirenti entrano nelle stanze e nei corridoi dell'istituto si trovano in un mondo ostile e sospettoso. Filosofia del diritto è il microcosmo dove magistrati e poliziotti cercano i colpevoli, l'arma del delitto, il movente, eventuali mandanti e complici. È un ambiente chiuso e a chi indaga pare simile a una setta. Impenetrabile e respingente, «un mondo parallelo», addirittura «omertoso». Secondo il giudice per le indagini preliminari Guglielmo Muntoni, è un «muro di gomma», secondo il capo della Squadra mobile Nicolò D'Angelo, «peggio di Tor Bella Monaca».

Il più duro nel descrivere il mondo universitario è stato il pubblico ministero Carlo Lasperanza: «Nella mia vita, in tutto l'arco della mia carriera, non ho più avuto una cosa del genere, nonostante abbia poi intaccato sempre interessi forti. Ma come l'università mai» è stata la prima cosa che ci ha detto durante la nostra intervista. «Trovammo una coesione simile a quella della massoneria, anche se non comprovammo mai che ci fossero delle iscrizioni alla massoneria, sia quella, diciamo, regolare sia quella deviata; però gli interessi erano di una coesione a coprire, a far sì che tutto rimanesse all'interno dell'università, che il problema fosse risolto all'interno dell'università e che noi fossimo un organismo estraneo che non doveva assolutamente permettersi di entrare negli affari loro.» La sua impressione era che il complotto dell'istituto avesse capacità d'influenza e collegamenti fino alle più alte cariche dello Stato: «Rimanemmo perplessi di tutti i collegamenti. Cioè, intervenne anche, a sproposito, l'allora presidente del Consiglio, Romano Prodi. Dietro questa vicenda io vi dico che c'erano, ci furono, anche i servizi segreti. E questo lo posso dire tranquillamente».

Nel corso dei primi interrogatori, Maria Chiara Lipari era sembrata molto arrabbiata per i modi degli inquirenti. Poi è cambiato qualcosa. I ricordi «subliminali» l'hanno portata a dire che i responsabili dell'omicidio sono persone dell'istituto. Ha smesso di lamentarsi dei metodi dei magistrati e della polizia e, come loro, adesso crede che ci sia una complicità di tutta Filosofia del diritto. Lipari comincia a parlare di un atteggiamento sospetto e ambiguo del suo professore, Bruno Romano. Ne parla agli inquirenti, e al telefono con un amico dice: «Sono disgustata dalla sua vigliaccheria e dalla sua merdosità morale, non voglio nemmeno nominarlo». E poi: «Quel pezzo di merda del mio professore dovrebbe veramente essere gettato proprio in pasto ai piranha!». Di tutti gli altri di Filosofia del diritto afferma: «Pare che veramente gli altri siano un fronte compatto di figli di puttana. Mi hanno detto, insomma, che è venuto fuori un quadro di uno squallore proprio assoluto dell'istituto».

Evidentemente questo giudizio vale anche per il suo ex amico, l'assistente Pierpaolo Fiorini. Quando le telefona e la saluta «ridendo», Lipari gli chiede infastidita: «Che cazzo c'hai da ridere, scusa? Che cazzo c'hai da ridere vorrei sapere?». Paolo le dice che ride perché non la vede da tanto tempo e le chiede qual è il problema. «Eh, non so, secondo voi non c'è nessun problema, perché voi o siete cretini o siete vigliacchi, non so, non so che gli ha preso ad alcune persone in quell'istituto, forse siete cretini o forse, non so, pensate troppo alla carriera.»[1]

Perfino il padre Nicolò prende le distanze dal severo giudizio della figlia sull'istituto di Filosofia del diritto e soprattutto sul suo professore, che lui stima e considera un amico. Ma Maria Chiara non lo ascolta. È sconvolta dal comportamento di tutti quelli che sono a Giurisprudenza, «un'accozzaglia di gente da ricovero», che non si prendono le proprie responsabilità e non sembrano nemmeno sconvolti dalla morte di una ragazza. Poi però si lamenta perché «quelli dell'istituto» non la chiamano.

Al telefono con Bruno Romano è nervosa e sdegnata. Prima fanno lunghi discorsi strani parlando del «male radicale», poi lei confida i suoi timori per le possibili conseguenze della sua testimonianza. «Io non... forse non è bene che mi vada bene a questo punto, cioè se insomma il destino vuole che nel certo minuto io devo apri' la porta eccetera, vedere poi una serie di reminiscenze varie, di atteggiamenti strani, di cose, e avere questo cavolo di nervosismo che mi ha preso, che guido come una matta che veramente rischio di... di schiantarmi!» Romano cerca di rassicurarla, ma lei non lo ascolta: «A questo punto allora deve essere che nel mio destino non c'è di studiare con calma in un istituto in cui la gente non porta armi... in cui la gente è serena, in cui la gente è filosofa, in cui la gente gli va di... insomma non è un'accozzaglia di gente da ricovero». Poi parlano della speranza. Lipari dice che «sicuramente non è nella vigliaccheria». E Romano le risponde: «Però la speranza è che il vigliacco la lasci la vigliaccheria».

Il delitto ha spostato l'attenzione su un ambiente spesso al riparo dalla curiosità altrui, in cui molti hanno qualcosa da nascondere: un cartellino firmato per altri, una procedura non rispettata, una regola aggirata o interpretata in modo approssimativo. Niente di nuovo per chi l'università la conosce e la frequenta. O per chi ricorda l'indagine «Trenta e frode» che negli anni precedenti aveva coinvolto alcune facoltà della Sapienza, Giurisprudenza compresa. Esami comprati per alcune centinaia di euro, impiegati e bidelli che registravano i voti di esami mai sostenuti. C'è perfino l'ipotesi che la verità sulla morte di Marta sia sviata per nascondere un sistema organizzato e fraudolento di esami truccati. Come dice uno degli avvocati della famiglia Russo, Luca Petrucci: «Occorre approfondire la vicenda del presunto traffico di esami a Giurisprudenza, potrebbe esserci un giro legato a interessi della malavita organizzata».[2]

Intercettazioni

Ascoltando le conversazioni delle persone dell'istituto, i sospetti degli inquirenti aumentano. Il lato A di una delle bobine che abbiamo ascoltato anche noi contiene la registrazione delle conversazioni di casa Romano dalle dieci di mattina fino alle undici di sera del 25 maggio. L'abbiamo trovata nell'archivio di Rebibbia, in una scatola di cartone piena di polvere e ammucchiata in una stanza per metà dedicata al processo Scattone e Ferraro e per metà a Toni Negri, il cosiddetto «Processo Autonomia operaia».

Quando un amico della famiglia Romano telefona a casa del direttore dell'istituto, risponde la moglie. L'uomo chiede se Bruno è in casa e poi fa una strana battuta: «Volevo prenderlo un po' in giro, ma non riesco a trovarlo; volevo sapere se lo avevano tradotto in carcere». Lei gli fa notare che Bruno non c'entra, casomai qualche assistente, perché il colpo è partito dalla loro aula. «Cercano di trovare a tutti i costi qualcuno, ma questi hanno cominciato a fare i primi rilievi della polvere da sparo là all'istituto dopo non so quanti giorni, ha piovuto. Allora dice che quando piove non si ritrovano più gli elementi, quindi hanno fatto pure le cose un po' in ritardo.»

In effetti i prelievi vengono eseguiti tra il 10 e il 24 maggio; quello nell'aula 6 viene fatto il 15 maggio, tra le dieci di mattina e le tre del pomeriggio, sei giorni dopo lo sparo. Non solo, nelle stanze dove si stanno svolgendo i sopralluoghi, si dice ancora nella telefonata intercettata, «ci vanno quelli che puliscono». Cioè, la possibile scena del delitto non è stata protetta dal passaggio delle persone né dalla pioggia.

Coloro che lavorano a Filosofia del diritto, ma anche i loro familiari e i loro amici, sembrano infastiditi dai continui sopralluoghi e dalle domande sempre più insistenti. Anche i giornalisti stanno tutto il giorno nei corridoi dei loro uffici e sotto i portoni delle loro case. In televisione non si parla d'altro. Chi ha sparato a Marta Russo?

Il quotidiano «la Repubblica» scrive: «Il professor Bruno Romano conosce probabilmente l'assassino di Marta Russo. Lo ha detto anche alla moglie».[3] L'amico dei Romano, nella stessa telefonata, aggiunge anche una sua valutazione sull'indagine e sul colpevole: «Sostanzialmente, non lo troveranno mai». Non solo, dice che non è strano che a qualcuno possa essere partito un colpo per sbaglio mentre mostrava l'arma a un amico, e aggiunge una conclusione bizzarra: «Be'?! Che c'è di strano? Ma poi, chi di noi da ragazzo non è andato forte in automobile?».

Non sono solo queste battute a insospettire. A un certo punto i due parlano di armi che girano all'università. La moglie di Romano dice che suo marito si ricorda che una volta qualcuno, nella sua stanza all'istituto, ha tirato fuori una pistola per fargliela vedere. E l'amico ribatte: «Certo, ma non c'è niente di... Ma ti posso dire che l'altro giorno io ricevevo un cliente e ho visto che sotto il giubbotto aveva 'sta cinta e gli ho fatto: "Ma che fai? Giri armato?!". "Sì" e ha tirato fuori la pistola per farmela vedere». La cosa più surreale, ascoltandoli, è che sembra normale che la gente vada in giro armata. Neanche fossimo in Texas. Collaboratori, conoscenti, amici, tutti sembrano avere una pistola da mostrare con orgoglio in una stanza dell'università. Uno dei collaboratori di cattedra ha in casa diversi fucili da guerra, un bibliotecario ha prodotto documenti falsi pur di ottenere il porto d'armi e, come sappiamo, il magazzino dell'impresa di pulizia viene usato come «deposito delle munizioni».

Anche la mattina del 9 maggio qualcuno giocava con una pistola ed è partito un colpo per sbaglio?

La telefonata della moglie di Romano è solo una delle tante intercettate. Ce ne sono molte altre, in particolare quelle in cui il direttore parla con i suoi assistenti. Su di loro gli inquirenti stanno già indagando perché è dalla loro aula, l'aula 6, che secondo la perizia è partito il colpo. In quei giorni i poliziotti li interrogano: «Dove eravate la mattina del 9 maggio?», «Che cosa sapete?». I sospetti si concentrano su di loro e suscita molte domande il fatto che Bruno Romano li chiami chiedendo notizie degli interrogatori.

Nella telefonata con Pierpaolo Fiorini, Romano gli domanda «Come è andata a finire lì?», riferendosi a un colloquio con gli inquirenti. Fiorini risponde che «c'è un contrasto, pare, con una dichiarazione di Chiara Lipari. Ma non so bene a che si riferisse, penso sempre al solito fatto delle armi. Non so, se conoscevo qualcuno di noi...». Romano lo interrompe e gli chiede su cosa verta il «contrasto» tra lui e Lipari. La divergenza è su una dichiarazione della dottoranda secondo cui lo stesso Fiorini le avrebbe detto che qualcuno tra gli assistenti faceva uso di armi o era appassionato di armi. Romano insiste: «Appunto, e allora?». «Lei sostiene che io lo sapevo, anzi, che glielo avevo detto proprio. Ho detto: guardi o si sbaglia con qualcun altro oppure io non ho proprio idea. L'unica cosa... ma lei, non so, ma lei per caso ha parlato con Savarese del fatto?» Paolo Savarese è un ricercatore della Sapienza. A quale fatto allude Fiorini? Alla propria deposizione in questura. «Sì, certo!» gli risponde Romano, ammettendo di aver riferito al ricercatore di quel colloquio con la polizia. «Perché pare che Savarese abbia detto, la mattina, che lui sapesse che io stavo per essere arrestato» continua Fiorini. Romano è incredulo: «Arrestato?!».

Quando telefona all'assistente Luisa Avitabile, anche a lei Bruno Romano chiede se ci sono novità e se ha visto il telegiornale. Vuole sapere chi è il tale che «hanno interrogato, non ho capito se oggi o ieri, tenendolo dieci ore». Avitabile il telegiornale lo ha visto, ma non sa di chi si tratti ed è sorpresa che un interrogatorio sia durato così tanto. Romano sembra agitato e infastidito di non riuscire a capire chi sia il misterioso testimone, e dice: «Appunto, non ho mai... non so neanche chi... a questo punto chi possa essere».

Per la procedura penale, non è grave solo ciò che Romano dice in queste telefonate. È grave che queste telefonate le abbia fatte, perché è in corso un'indagine e non si può parlare dei contenuti degli interrogatori, che sono coperti dal segreto istruttorio.

Il professore chiama anche la dottoranda Maria Chiara Lipari, che è in ritardo con la tesi di dottorato: ha scritto solo poche pagine. La conversazione tra loro è molto diversa dalle precedenti sia nei toni che nella durata. Lui la invita a non farsi distrarre, a concentrarsi sullo studio, poi parlano del «male radicale», che è impossibile da eliminare dal mondo, e dell'importanza del perdono. Per chi ascolta le intercettazioni suona come un invito a dimenticare, come se il professore intendesse dire: ormai quella ragazza è morta e nessuno può riportarla in vita. Secondo il giudice per le indagini preliminari queste telefonate hanno una sola spiegazione: «Una continua e subdola azione diretta a impedire che le investigazioni portino all'individuazione dell'autore dell'omicidio». Romano, insomma, starebbe proteggendo l'assassino.

A mano armata

C'è una persona di cui non abbiamo ancora parlato e che viene coinvolta nel giro delle armi della Sapienza. Si chiama Salvatore Carmelo Zingale, detto Rino; è il bibliotecario della facoltà di Lettere. «Bibliotecario a mano armata» lo definisce «la Repubblica».[4] Ad alcuni amici diceva: «Vedi 'sta pistola? Se la modifico entro dentro il cervello, lo spappolo in du' parti, in tre parti». Una telefonata anonima lo segnala come «collezionista di materiale pornografico e di armi».[5] Chi chiama aggiunge che Zingale vede in ogni tubo un potenziale silenziatore e che ama descrivere gli effetti dei proiettili sui bersagli, perlopiù parti del corpo umano. A parlare di lui è anche un tecnico del dipartimento di Energetica dell'università che lo conosceva perché qualche volta Zingale era andato a trovarlo in laboratorio, affascinato dai torni di precisione: «Con quegli strumenti avrebbe voluto che gli fabbricassi dei bossoli». A casa ha sei pistole e poi cartucce, pugnali, bossoli esplosi e inesplosi, polvere da sparo, ogive, inneschi, caricatori, fondine, manette e diversi altri oggetti che uno immagina di trovare nel bunker antiatomico di qualche ossessionato dalla fine del mondo.

Quelle armi sono regolarmente denunciate, ma il presupposto per detenerle è falso: Zingale ha dichiarato di svolgere un'attività pericolosa e per la quale ha bisogno del porto d'armi, anche se fa il bibliotecario. Patteggerà la pena per porto d'armi abusivo, mentre sarà solo sfiorato dall'indagine sul caso Marta Russo. A suo carico gli inquirenti non trovano molto di più che delle irregolarità nei documenti.

IV

Segretaria contro «principessa»

Quando Francesco Amato, presidente della Corte nel processo di primo grado che si svolge dall'aprile 1998 al giugno 1999, invita la signora Gabriella Alletto a sedere sul banco dei testimoni, la segretaria dell'istituto, dopo essersi presentata, ci tiene a fare una premessa: «Ho sofferto per tutti gli interrogatori a cui sono stata assoggettata. Sto cercando da un anno e mezzo di tirare su le fila di questa drammatica cosa che mi ha colpito. Non vorrei essere in questo momento né ripresa né tanto meno sentita da così tante persone, perché io mi ritengo una persona minima, però capisco che in tutta questa storia ho avuto una parte importante».

Se Gabriella Alletto si ritrova a testimoniare in un processo per omicidio è perché Maria Chiara Lipari ha detto di averla vista nell'aula 6 all'ora del delitto. Gabriella Alletto, invece, sostiene di non essere mai entrata in quell'aula durante tutta la mattina. Aggiunge che quel giorno, tra le 11.30 e mezzogiorno, era nell'aula fax, la numero 4, e che poi, almeno fino all'una, è rimasta alla sua scrivania nella stanza della segreteria. Ha aiutato Maria Chiara nel tentativo di inviare un fax a un professore in Germania, ma c'era qualche problema con l'apparecchio della Sapienza o con quello del ricevente. A farlo funzionare ci prova anche Luca, il nostro testimone anonimo. Come già detto, secondo la sua ricostruzione Lipari ha poi fatto confusione sui luoghi, sui tempi e sulle persone che l'hanno aiutata durante la mattina del 9.

«Un mio parente stretto»

Maria Urilli conferma la ricostruzione di Alletto. Lei c'era la mattina del 9 maggio e dice che la signora Gabriella non è mai entrata nell'aula degli assistenti. Anche Urilli è una segretaria di Filosofia del diritto, lavora fianco a fianco con Gabriella, condividono la stanza e si conoscono ormai da anni. Urilli racconta di un colloquio avuto in macchina con l'amica: «La Alletto mi aveva dato un passaggio e mi ha detto: "Quello che sapevo l'ho detto, ma non posso dire quello che non so. Evidentemente, quello che sapevo era troppo poco"».

Urilli però non viene creduta; anzi, tre settimane più tardi sarà addirittura arrestata. Perché? Perché gli inquirenti credono, o decidono di credere, a Maria Chiara Lipari.

Alletto viene interrogata nuovamente il 27 maggio in questura, dove rimane per dodici ore. Conferma quello che ha detto la volta precedente: non è mai entrata nell'aula 6. Come aveva raccontato anche ad altre persone, tra cui Simona Sagnotti, un'altra assistente universitaria che oggi insegna filosofia del diritto all'università di Perugia e che abbiamo incontrato a casa nostra nell'estate del 2019. Alletto le aveva detto di essere esausta per gli interrogatori di ore e ore in piena notte, anche se lei non aveva nulla da dire.

Sagnotti ci ha raccontato anche qualcosa in più su quei giorni: «Fino all'ultima volta che l'ho vista prima dell'arresto dei vari imputati, era tranquilla con noi dell'istituto, con tutti. Sicuramente serena con Scattone e Ferraro, mentre era in grande agitazione per i suoi interrogatori. Prendiamo noi tre: genere sportivo, diciamo, no?! Ecco, no, l'Alletto così come noi non la vedevi! Mai un capello bianco, sempre la messa in piega, era sempre truccata. E, tutto a un tratto, noi abbiamo notato: capelli zozzi, ma proprio non sporchi, zozzi! E occhiaie spaventose, gli occhi erano gonfi di lacrime, erano rossi e poi aveva questo aspetto di chi non dorme. Trasandata, cioè la vedevi otto giorni con gli stessi vestiti; lei, capace che, se tornava il pomeriggio, si cambiava! Io me lo sono spiegato dopo. Ho capito che quella condizione era dovuta anche al fatto che lei era deprivata di sonno».

Durante il nostro incontro Sagnotti ha aggiunto che, all'epoca, la signora Gabriella era molto preoccupata che la sua versione fosse contrapposta proprio a quella di Maria Chiara Lipari, in università soprannominata «la principessa», e che ripeteva: «Ma tra me e lei, a chi vuoi che credano?».

Quel 27 maggio, in questura, passano le ore ma non viene fuori nulla di nuovo. Poi gli investigatori cambiano improvvisamente argomento e le fanno una domanda che Gabriella Alletto non si aspetta: che cosa può dirci della sua assunzione nella pubblica amministrazione? Da un interrogatorio su un caso di omicidio si passa a un interrogatorio per falso in atto pubblico e truffa ai danni dello Stato. Alletto è stata assunta nove anni prima per chiamata diretta e non tramite un regolare concorso pubblico. «Perché qualcuno si è interessato a me, ma non intendo fare il nome della persona che mi ha agevolato l'assunzione diretta all'università, in quanto non voglio mettere in mezzo un mio parente stretto. È una cosa troppo delicata per me, non intendo rispondere su questo punto.»

La segretaria risulta come invalida civile. Ma la sua invalidità è reale oppure ha imbrogliato, l'ha esagerata per farsi assumere senza concorso? Alletto dice di soffrire di disturbi alla colonna vertebrale, e che nel 1986 la commissione di Atripalda, in provincia di Avellino, le aveva riconosciuto un'invalidità del 35 per cento. Dopo essersi iscritta nelle liste di collocamento ad Avellino, era stata assunta direttamente alla Sapienza di Roma. Non ha niente da aggiungere, né sulla sua assunzione né sul 9 maggio. Il magistrato e i poliziotti la lasciano tornare a casa.

Il giorno dopo, il pubblico ministero Lasperanza chiama Vincenza Liviero, medico legale, direttrice tecnica del Gabinetto interregionale di polizia scientifica e tra coloro che hanno eseguito l'autopsia su Marta Russo. Questa volta il pubblico ministero non le chiede nulla di direttamente legato all'omicidio. Le chiede invece di fare una visita medica ad Alletto per capire se è davvero invalida oppure è una truffatrice. Liviero si presenta da Alletto all'università insieme all'ispettore Sannia, della Digos, fa la visita e consegna la perizia a Lasperanza.

Da parte della stessa procura e dello stesso pubblico ministero, oltre all'incarico nell'ambito dell'indagine sull'omicidio, Liviero ha avuto quindi anche quello di verificare i requisiti per l'assunzione di Alletto come invalida. Un aspetto che, ovviamente, non c'entra nulla con il caso. Partecipa a un interrogatorio di Gabriella e deposita in procura la relazione, ma nessuno capisce che fine abbia fatto quel documento e a cosa sia servito. Infatti, Liviero non sarà mai sentita in un procedimento sull'invalidità e sull'assunzione della segretaria. Perché allora le visite mediche e le domande sull'assunzione? In quei giorni la signora Gabriella Alletto si sente accerchiata, non solo quando è in commissariato, ma anche quando legge il giornale. Il quotidiano «la Repubblica» scrive: «Sono giorni di tensione e veleni a Filosofia del diritto. Ieri circolava addirittura la voce che due donne impiegate là sarebbero state assunte irregolarmente come invalide civili».[1]

Il giornale fa anche il punto sullo stato delle indagini: «Sono almeno quaranta le persone di cui si stanno occupando in questi giorni gli inquirenti. Gli indagati per omicidio volontario sono più di venti [...] L'aula 6, [...] quella della polvere da sparo, nessuno l'ha mai chiusa. Come mai? Probabilmente perché la polizia sospetta che l'assassino abbia fatto scomparire qualcosa nel water (il bossolo? i pezzi della stessa pistola?). Nessuna meraviglia, dunque, se un giorno di questi assieme agli agenti arriverà anche un idraulico».[2]

«Bambini mal cresciuti»

Il 29 maggio Carlo Lasperanza va a parlare con Bruno Romano; durante l'incontro gli dice che il tipo di pistola usato è uno di quelli che normalmente si usano al poligono e che l'arma del delitto non si trova. Lasperanza gli parla anche della pressione mediatica che considera deleteria e poi dice: «Qui stiamo procedendo per un atto che potrebbe anche essere terroristico e quindi c'è la Digos, la Squadra mobile, c'è l'ira di Dio di polizia, un altro po' i carabinieri e i Nas!».[3]

È proprio dopo aver parlato con Lasperanza che il direttore Romano fa una strana dichiarazione: «E se fosse terrorismo? [...] In fondo è molto più comodo e tranquillizzante per la nostra società accettare l'idea che questo insano gesto sia stato compiuto da due bambini mal cresciuti che hanno fatto una stupidaggine».[4] Romano parla di terrorismo e lascia intendere che si stia dando la colpa a due assistenti dell'istituto forse perché questa versione è più «comoda» e tranquillizzante.

Ma ciò che più colpisce è che il professore parli di «due bambini mal cresciuti». Perché due?

Da dove viene l'ipotesi che l'assassino non fosse solo? I testimoni non hanno mai detto una cosa del genere. Nessuno ha mai fatto riferimento a due responsabili. Nella ricostruzione che l'unica testimone, Maria Chiara Lipari, ha fatto alla polizia c'è un solo uomo alla finestra da cui sarebbe stato sparato il colpo. Che siano due è un'ipotesi di Bruno Romano o qualcuno gliel'ha suggerita? Ovviamente non lo sappiamo, ma questa dichiarazione il professore la fa subito dopo aver parlato con Lasperanza, che dirige le indagini.

Un mese dopo il delitto, il 9 giugno, nell'aula magna della Sapienza il rettore consegna alla famiglia Russo la laurea alla memoria di Marta. A un mese dallo sparo il caso è una questione nazionale, l'attenzione dell'opinione pubblica e la copertura mediatica sono senza precedenti. Per questo, tra i presenti alla cerimonia, non ci sono solo gli amici, gli studenti, i professori, il rettore. Ci sono anche molti politici: il presidente del Consiglio Romano Prodi, il suo vice Walter Veltroni, il presidente della Camera Luciano Violante, il prefetto di Roma e il sindaco Francesco Rutelli. C'è addirittura Oscar Luigi Scalfaro, il presidente della Repubblica. Un gruppo di studenti vestiti di verde lo contesta.[5] «Perché non ha detto niente, dopo l'attentato a Marta ha preferito tacere.» Perché sono vestiti di verde? «Perché Bossi ci sta simpatico, è l'unico politico in Italia che dice quello che pensa veramente. Ma noi non siamo leghisti. E non è colpa nostra se la scorta di Scalfaro si agita ogni volta che vede il colore verde. Quando passerà una legge in Italia che vieterà alla gente di vestirsi di questo colore, ci adegueremo.» Ma cosa c'entra Marta Russo con tutto questo? «Dopo l'attentato a Marta, Bossi aveva detto subito di credere a un'azione dei servizi segreti deviati [...] per seminare il terrore. In fondo, ci sono riusciti. È passato un mese e all'università abbiamo vissuto giorni di tensione pensando che una fine così era toccata a una di noi.»

Intimità

Gli sforzi mnemonici di Maria Chiara Lipari hanno portato a ricostruire così la scena del delitto: nell'aula 6, la mattina del 9 maggio, poco dopo le 11.42, ci sono tre persone: Gabriella Alletto e Francesco Liparota al centro della stanza, Salvatore Ferraro vicino alla finestra.

Come sappiamo, Alletto dice di non essere mai entrata nell'aula degli assistenti e il conflitto tra la sua versione e quella della dottoranda Lipari è insanabile. Ma gli inquirenti non si arrendono e gli interrogatori notturni della segretaria continuano. Oltre ad Alletto, viene sentito l'usciere Francesco Liparota. Anche lui non si ricorda di essere stato nell'aula 6 insieme alla segretaria e alla dottoranda quella mattina, ma nessuno dei due viene creduto dalla polizia.

È l'11 giugno. In procura, Alletto questa volta si presenta accompagnata dal cognato, Luigi Di Mauro, marito di sua sorella Anna e ispettore di polizia.

Luigi Di Mauro sembra un personaggio del teatro dell'assurdo. Le sue testimonianze in aula durante il processo di primo grado saranno spesso surreali, a cominciare dalla sua presentazione.

FRANCESCO AMATO [*presidente della Corte*]: «Lei è il marito di chi?».

LUIGI DI MAURO: «No, non sono il marito di nessuno, sono il cognato! Sono il marito della sorella...».

FRANCESCO AMATO: «Senta, lei è sposato a chi?».

LUIGI DI MAURO: «Alla sorella di Alletto».

FRANCESCO AMATO: «Mi dica il nome!».

LUIGI DI MAURO: «Anna».

FRANCESCO AMATO: «Anna e di cognome?».

LUIGI DI MAURO: «Alletto».

FRANCESCO AMATO: «Quindi lei è la cognata della signora Alletto».

GIANCARLO DE CATALDO [*giudice a latere*]: «Il cognato!».

FRANCESCO AMATO: «Il cognato della signora Gabriella Alletto».

LUIGI DI MAURO: «Sì».

FRANCESCO PETRELLI [*avvocato di Scattone*]: «Che tipo di rapporto lei aveva e ha con sua cognata?».

LUIGI DI MAURO: «Come ce l'hanno tutti i cognati».

FRANCESCO AMATO: «Che vuol dire?».

LUIGI DI MAURO: «Presidente, che vuol dire...».

FRANCESCO AMATO: «Senta per favore, cerchi di rispondere a tono, va bene?».

LUIGI DI MAURO: «Sì, presidente».

FRANCESCO AMATO: «Che vuol dire? Buoni? Cattivi?».

LUIGI DI MAURO: «E certo, buoni».

FRANCESCO AMATO: «E allora si risponde: "Buoni"!».

FRANCESCO PETRELLI: «E che tipo di frequentazione c'è tra...?».

LUIGI DI MAURO: «Saltuariamente ci vediamo».

FRANCESCO PETRELLI: «Quindi quando lei dice che questi rapporti sono buoni vuol dire che non c'era un rapporto di particolare intimità e di confidenza?».

LUIGI DI MAURO: «Non c'è intimità, confidenza sì, ma non intimità. Confidenza sì, non intimità. Che significa intimità?!».

FRANCESCO PETRELLI: «Io, per intimità, ovviamente intendevo dire qualcosa...».

LUIGI DI MAURO: «Avvocato, lei deve dirla chiara la parola. Non puoi dire intimità a me con mia cognata!».

FRANCESCO PETRELLI: «In italiano guardi che intimità...».

LUIGI DI MAURO: «No, no, intimità lo so io che cosa significa, e il presidente lo sa pure».

Tutti i presenti nell'aula bunker ridono molte volte durante la sua deposizione e perfino il presidente della Corte, Amato, in genere calmo e serafico, sembra distrarsi e poi perdere la pazienza.

Ma perché l'11 giugno Di Mauro accompagna la cognata in procura e perché è presente durante tutto l'interrogatorio? È una procedura insolita: un testimone è in genere ascoltato da solo oppure con il suo avvocato e non con un parente, tantomeno con un parente inquirente. A fare le domande ci sono i procuratori Carlo Lasperanza e Italo Ormanni, che si danno il cambio. Tutto viene registrato.[6]

CARLO LASPERANZA [*pubblico ministero*]: «Noi abbiamo fatto tutta una serie di Stub[7] sul referto, tutti gli Stub risultano negativi tranne uno, che è quello della finestra della stanza numero 6.»

LUIGI DI MAURO: «Io, io... non so, non ci sono mai andato, non so dove sta lei. Lei dentro questa... non ci sono mai stato. Io questo per...».

CARLO LASPERANZA: «Ma lei lo sa».

LUIGI DI MAURO: «Sì, lei lo sa».

GABRIELLA ALLETTO: «Sì, ma lei ha chiesto di parlare con me perché arrivati a 'sto punto...».

LUIGI DI MAURO: «Io non so neanche dove sta l'ufficio suo, non ci sono mai andato».

CARLO LASPERANZA: «Lei giustamente viene qua mal fidata, perché dopo il trattamento che le hanno fatto...».

GABRIELLA ALLETTO: «No, io non sono mal fidata».

LUIGI DI MAURO: «Ce lo puoi dire quello che...».

GABRIELLA ALLETTO: «Io non sono mal fidata, lui lo sa benissimo quello che m'hanno fatto».

CARLO LASPERANZA: «No, io non lo so perché me ne sono andato».

GABRIELLA ALLETTO: «Ah, lei non lo sa?!».

CARLO LASPERANZA: «Ed è testimone [Di Mauro], perché l'ho incontrato».

LUIGI DI MAURO: «No, no neanch'io».

GABRIELLA ALLETTO: «Neanche per sentito dire lo sa quello che mi hanno fatto?».

CARLO LASPERANZA: «Io onestamente ho letto solamente il verbale il giorno dopo».

Carlo Lasperanza dice ad Alletto che sono stati fatti i rilievi e che sono certi che il colpo sia partito dall'aula 6. Alletto parla invece del trattamento che ha subito durante gli interrogatori e dice al pubblico ministero: «Lo sa benissimo quello che m'hanno fatto».

Nella stanza, oltre al registratore usato dagli inquirenti, in una libreria è nascosta una telecamera prestata dai servizi segreti. L'intenzione è quella di registrare non solo le risposte che Alletto dà ai magistrati, ma anche quello che potrebbe dire quando questi escono dalla stanza e lei rimane da sola con il cognato, credendo di non essere ascoltata.

Lasperanza dice ad Alletto: «Signora, riusciamo a trovare una verità alternativa che c'incastri questi... Qui ci sta tutta la Digos e tutta la Squadra mobile, che da un mese sono su questa storia e non ce la fanno più. Mi dichiari la verità, poi la aggiusto nella maniera in cui lei vuole. Io le ho messo qui vicino suo cognato, l'ho ripescato io, nessuno lo voleva prendere, sono disposto a fargli un encomio scritto per quest'opera che sta facendo e quindi ne avrà anche un vantaggio personale».

Quindi l'ispettore Di Mauro, che non dovrebbe entrarci nulla con l'indagine, sta aiutando i pubblici ministeri sul caso. Non solo, ne riceverà «un encomio», «un vantaggio personale». Ma qual è «l'opera» che sta facendo? E chi tra gli inquirenti lo ha incaricato? Durante la succitata udienza del processo, Luigi Di Mauro dice che il suo incarico è «di stare attento se succedesse qualcosa, di guardare mia cognata, di stare più con lei, di controllarla. Dovevo proteggerla, controllare quando stava a casa». Dopo le incomprensioni iniziali sul significato della parola «intimità», in aula si ride nuovamente quando Petrelli, l'avvocato di Scattone, suggerisce che il compito del cognato è di «acquisire confidenza, cercare di farla parlare nell'intimità delle mura domestiche». Poi si scusa «per aver usato questo termine».

«La prenderemo per omicida!»

Nell'interrogatorio di Gabriella Alletto dell'11 giugno, i due procuratori Carlo Lasperanza e Italo Ormanni sembrano recitare dei ruoli che molte volte abbiamo visto nelle serie televisive e nei film polizieschi: il poliziotto buono e il poliziotto cattivo. Lasperanza, come ci ha raccontato lui stesso durante la nostra intervista, è il poliziotto buono. Ci ha tenuto a precisare che non aveva mai usato violenza né minacce nei confronti di Alletto. «Lì le avevo detto due cose: una, che praticamente l'avrei tutelata; le ho offerto i cioccolatini, come a dire, a farle capire: "Guarda, ti tutelo, ti aiuto io".» Però l'avrebbe potuta aiutare solo fino a un certo punto, perché, se fosse andata avanti con quell'atteggiamento, ci sarebbero state delle conseguenze penali. «Poi dissi la famosa frase su cui si imperniò tutta l'accusa di minacce nei miei confronti. Le dissi: "Pensi ai suoi figli e alla vergogna che lei potrà avere quando un giorno i suoi figli le diranno che lei ha coperto degli assassini di una ragazza che ha la loro stessa età". Perché se la gente la convinci, la convinci per sempre. Se invece la gente la minacci, la minacci per un minuto, perché dopo ci ripensa.»

A un certo punto, durante quell'interrogatorio, qualcuno deve aver detto ad Alletto che nell'aula 6 a sparare erano in due. Non sappiamo da dove venisse questa informazione, perché, come abbiamo già spiegato, l'unica testimone in quel momento è Maria Chiara Lipari, che non ha mai accennato a due assassini. Eppure, abbiamo già visto che il professor Romano, dopo aver parlato con Lasperanza, aveva fatto riferimento a «due bambini mal cresciuti».

Quell'11 giugno i magistrati escono dalla stanza sperando che Alletto, credendo di non essere ascoltata, possa lasciarsi sfuggire qualcosa in più parlando con il cognato. In effetti, la segretaria dice una cosa importante, ma probabilmente non ciò che volevano sentire i magistrati: «Bisognerebbe sapere chi è quell'altro, oltre a Ferraro...». È una frase inquietante.

Durante il nostro incontro abbiamo chiesto spiegazioni a Lasperanza: «La cosa che colpisce veramente più di qualsiasi altra è quando voi [Lasperanza e Ormanni] uscite e lei dice al cognato, quindi una persona con cui ha un minimo di confidenza e un minimo di rapporto di fiducia, "Bisognerebbe sapere chi è quell'altro, oltre a Ferraro". Come a dire: "Io voglio parlare", cioè lo faccio il nome di Ferraro, ma...». Lasperanza ci ha interrotto: «Lei si è... lei si è difesa dal cognato, perché il cognato le dice: "Oh, guarda che questi ti arrestano". Il cognato, vecchia maniera, l'ispettore dice: "Oh, ma che stai a inventa'? Parla! Di' se sai qualcosa ché questi fra due minuti ti arrestano". E lei si inventa di tutto perché vuole convincere anche il cognato che non sa niente».

Lasperanza, però, non ha risposto alla nostra domanda. Quello che gli stavamo chiedendo era che credibilità può avere una testimone che sembra essere pronta a pronunciare il nome di Ferraro purché le venga suggerita l'identità del secondo responsabile. E che motivo avrebbe avuto Alletto di dire che bisognerebbe sapere chi è quell'altro oltre a Ferraro, se fosse stata davvero presente nell'aula 6 e avesse realmente visto due persone alla finestra, una delle quali stava impugnando una pistola?

Durante lo stesso interrogatorio Italo Ormanni, l'altro procuratore, fa il poliziotto cattivo. O Alletto parla, oppure in carcere per omicidio ci andrà lei. «I casi sono due: o lei è responsabile di omicidio o lei è responsabile di favoreggiamento personale. Non si scappa! Se non è colpevole di omicidio, è favoreggiamento personale! Per omicidio! Lei va certamente in carcere e non esce più! Se lei, magari, ha saputo qualche cosa, ha visto qualche cosa, ha visto qualcuno... o lo dice adesso o, se lo dice dopo, nessuno ci crede più. [...] Perché io posso capire che lei può voler coprire qualcuno, ma se lei insiste in questa situazione, non sta coprendo qualcuno, sta coprendo se stessa!»

Il cognato, Di Mauro, si intromette, spalleggiando il procuratore: «Magari che l'hai fatto tu, magari che hai sparato tu!». E Ormanni insiste: «Significa che l'omicidio l'ha fatto lei! Se lei si ostina a non dire la verità, significa che, contro la verità, c'è la condanna a ventiquattro anni di reclusione, per cui lei preferisce dire la bugia. Il che significa che l'omicidio l'ha fatto lei! Vabbè, allora signora, non è stata lei. Chi è stato?».

Alletto ripete che non lo sa, e dice: «A me me prenderanno per scema, per fissata, a me». Poi inizia a piangere: «Io non lo so quello che devo fare». Ormanni strilla: «La prenderemo per omicida!». E Alletto, singhiozzando: «Ma se io non ho visto chi ha sparato, che cosa devo dire? [...] Perché se io vedo una persona fare un gesto, una cosa, io se la vedo la vedo. Ma se non la vedo, io che faccio? Oh Dio mio! [...] Non mi crederete! Perché se io non ce so' entrata lì dentro, ma come lo devo di'? Come lo devo dire? Io, io ora guardi, va a fini' che m'ammazzo pe' 'sta storia!». E Ormanni: «Vabbè, che esagerazione...». E Gabriella Alletto: «Io non campo più! Dio mio. [...] Mi impiccheranno per aver detto la verità!». Poi rimane sola con il cognato: «Io devo essere una persona leale o sleale? Io te lo giuro sui miei ragazzini, io non c'ero».[8]

Alletto giura sulla testa dei suoi figli che sta dicendo la verità. Passano altre quattro ore. Lei continua a ripetere di non essere mai entrata nell'aula 6 quella mattina. Alle otto di sera può finalmente tornarsene a casa. Appena lei esce, i procuratori, come hanno minacciato di fare, si mettono a scrivere il documento per disporre il suo arresto. La mattina dopo, in una informativa della questura, per la prima volta la presenza di Alletto nell'aula 6 è data per certa. C'è scritto che le tre persone presenti «sono sicuramente da considerare quelle che, in concorso tra loro [...] hanno esploso il colpo d'arma da fuoco attingendo mortalmente la vittima». Significa che la segretaria, in un documento ufficiale della polizia, viene ritenuta responsabile, insieme ad altri, dell'omicidio di Marta Russo.

V
Sirene

«M'hanno infilato dentro come una stronza»: è la mattina di giovedì 12 giugno, il giorno dopo l'interrogatorio di Ormanni e Lasperanza e lo stesso giorno dell'informativa della questura. Come tutte le mattine Gabriella Alletto esce di casa, in un complesso residenziale nella periferia sudest di Roma, prende l'ascensore per scendere al piano -1 dove c'è il garage, sale in macchina, apre il cancello automatico e guida nel traffico per raggiungere la città universitaria. Arrivata all'istituto di Filosofia del diritto, cammina verso la stanza della segreteria, appoggia la borsa e si siede alla sua scrivania. Lì gli inquirenti hanno messo una microspia per ascoltare le sue conversazioni. La mattina di giovedì 12 giugno Gabriella Alletto entra nella stanza e la prima cosa che dice è: «M'hanno infilato dentro come una stronza».

Poche ore più tardi viene arrestato Bruno Romano, il direttore dell'istituto, il suo capo. L'accusa è di favoreggiamento personale. «Un arresto accolto con stupore e incredulità» dice il conduttore del giornale radio Rai nel dare la notizia. È un avvertimento per tutti. Nel suo istituto tutti smettono di lavorare, si attaccano al telefono, parlano tra loro, chiedono informazioni a quelli che hanno più confidenza con il professore.

Per Nicolò D'Angelo, capo della Squadra mobile, i tentativi del professore di ostacolare le indagini e di coprire i responsabili sono evidenti. «Si è mosso tutto un mondo. E abbiamo intercettato le chiamate, le telefonate tra la Lipari e il professor Romano. Telefonate importanti, dalle quali noi abbiamo estrapolato tutta una serie di segnali chiari ed evidenti, tentativi di frenare una collaborazione della Lipari con noi. Qualcuno ci disse... mi ricordo che fummo attaccati da un professore, non so se era il preside, non so... che ci disse che noi non conoscevamo il linguaggio. Il professor Romano era un cultore di Heidegger, quindi noi non conoscevamo Heidegger, essendo degli ignoranti, poliziotti ignoranti. Però, siccome io poi Heidegger me lo ricordo bene – capito? – anche perché filosofia l'ho studiata, visto che ho fatto il liceo classico, quindi il linguaggio io l'ho capito molto bene, il linguaggio. Per farsi capire ci sono mille modi, se io ti dico: "Vabbè, ma tu concentrati sull'esame perché è importante, devi dare l'esame" eccetera. Capito? "Non pensa' ad altre cose", "magari la gente... questo è innocente" poi, no? E si è mosso un mondo parallelo per certi versi.»

Se Romano è in arresto, allora nessuno è intoccabile. Lo scopo è chiaro: abbattere il «muro di omertà». Che questo fosse l'intento del provvedimento ce l'ha confermato anche il pubblico ministero Carlo Lasperanza quando lo abbiamo incontrato: «Noi abbiamo arrestato Romano proprio perché non ce la facevamo più. Cioè non si riusciva a placarlo 'sto uomo. Nel senso che la Lipari, già che insomma è un testimone che per noi è fondamentale, da una parte riceve tutta una serie di telefonate dicendo "non ti impicciare", "lascia perdere". L'Alletto muta, la Lipari che non sapeva. Noi a un certo punto abbiamo deciso: "Vabbè, basta così"».

Le conseguenze dell'arresto, secondo Lasperanza, sono immediate: «Contemporaneamente all'arresto di Romano, la Alletto si presenta spontaneamente dalla polizia e racconta la sua versione, quindi facendoci capire che praticamente fino ad allora qualcuno l'aveva bloccata in questa sua... Come viene arrestato Romano, lei, subito, boom. L'Alletto è una povera donna che si è trovata ovviamente con queste forti pressioni, e al momento in cui le pressioni finirono, cioè venne arrestato Romano, lei si sentì libera e, guarda caso, venne spontaneamente. Si presentò alla Digos a dirci tutto quanto».

Non era andata così, Lasperanza ricorda male. Dopotutto, sono passati più di vent'anni. Ma Gabriella Alletto non va alla Digos né spontaneamente né subito dopo l'arresto del professore. Il 13 giugno, con Romano già agli arresti domiciliari, continua a dire di non essere entrata nell'aula 6 e di non sapere niente. Lo ripete anche durante il confronto con Maria Chiara Lipari.

Proviamo a immaginare di essere al posto di Alletto, di essere interrogati molte volte, per ore e ore, di essere minacciati e intimiditi. L'interrogatorio dell'11 giugno è stato lungo e spaventoso. Le hanno prospettato il carcere, perché non importa chi ha materialmente sparato, la responsabilità morale e penale è la stessa. «Ogni volta che sentirai il telefono devi tremare, devi pensare che ti stiamo arrestando» le hanno detto. Il giorno dopo arrestano Bruno Romano. Nonostante tutto, Gabriella Alletto insiste: nell'aula 6 lei non c'è mai entrata. Nelle intercettazioni ambientali è esasperata. «Io non ce stavo, però ce stavo. [...] Ma forse non mi conviene dire così, non mi conviene dire che non c'ero, capito? Lo sanno chi c'era e chi non c'era. Però vogliono una teste affidabile.»

Per cercare di risolvere la contraddizione tra Alletto e Lipari, gli inquirenti le mettono a confronto. Il 13 giugno le due donne sono nella stessa stanza e con loro ci sono l'ispettore della Digos Carmine Belfiore e il pubblico ministero Carlo Lasperanza. Lipari, questa volta con Alletto lì davanti, ripete: «Io ho visto prima Gabriella in mezzo alla stanza, cioè l'aula 6, e poi in quella del fax, che è l'aula 4: era rannicchiata tra il fax e la fotocopiatrice».

Del dettaglio della segretaria rannicchiata vicino al fax ci aveva parlato anche Luca, il nostro testimone, sicuro che Lipari ricordi male quella mattina del 9 maggio. «La Lipari racconta che a un certo punto era andata a cercare l'Alletto perché non partiva il fax e quindi che l'Alletto si chinò vicino al fax. La Lipari dice una cosa del tipo: "Sono andata in aula 4 per vedere se funzionava quel fax lì e invece no, allora è venuta l'Alletto, abbiamo provato con l'Alletto". No! No! Lei ha provato con me a fare queste cose. Di questo io, all'epoca, avevo un ricordo nitidissimo, quindi pensai: "Ma che sta raccontando?!" È proprio frutto di una memoria un po' così.»

Alletto, come Lipari, durante il confronto rimane sulla sua posizione. Non è mai entrata nell'aula 6 e nella stanza del fax non c'è una fotocopiatrice ma uno schedario. Le due testimonianze sono inconciliabili e il problema è sempre lo stesso: a chi credere?

14 giugno

Intanto all'università non si parla d'altro che dell'arresto del direttore. Gaetano Carcaterra, anche lui professore di filosofia del diritto, dice al «Messaggero»: «Si arresta il complice senza conoscere il colpevole e dovrebbe essere il contrario». Poi aggiunge che Romano è molto prudente e «forse questa sua caratteristica può essere scambiata per reticenza».[1] Simona Sagnotti, un'altra assistente, risponde con sarcasmo all'ipotesi che Romano sia complice: «Pressioni? Ma mi faccia il piacere. Il professore anzi ci ha invitato tutti a collaborare. Se vogliono costringerci a parlare, ci inventeremo il nome dell'assassino».[2] Il 13 giugno, trentadue dipendenti dell'istituto firmano un comunicato in difesa di Bruno Romano, uomo degno di profonda stima, dal quale non è mai «pervenuta alcuna direttiva che potesse ostacolare la collaborazione con le autorità». Il suo coinvolgimento è solo un grave equivoco. Manca la firma di Maria Chiara Lipari, ormai convinta che tutti, e soprattutto il direttore, abbiano avuto un comportamento moralmente ripugnante.

Gabriella Alletto deve sentirsi assediata: dai procuratori, dai poliziotti e dai giornalisti. Il 14 giugno un agente va a prenderla all'università per portarla ancora una volta in questura. Che cosa succede quella mattina lo racconta durante il processo Paolo Napoli, un altro collaboratore dell'istituto: «Sono arrivato in istituto credo intorno alle 9-9.30, mi sono diretto nei locali della segreteria in cui erano presenti: l'Alletto, il direttore della biblioteca [Maurizio Basciu], la signora Urilli e carpii così delle frasi in cui l'Alletto stessa si lamentava del fatto che la dottoressa Lipari la coinvolgeva, inspiegabilmente per lei, in questa vicenda, dicendo di averla vista in questa aula 6. Intorno alle 10, grosso modo, arrivò un agente in borghese chiedendo della signora Alletto. Io gli indicai dove si trovava e l'agente le disse: "Guardi signora dovrebbe seguirmi in questura perché ieri ha dimenticato di firmare alcuni verbali". Era una situazione ormai esasperante, una sorta di stillicidio, tanto è vero che qualcuno consigliò alla signora Alletto: "Forse è il caso che incominci a trovarti un avvocato"».[3]

Vedendo Gabriella Alletto tanto agitata, Paolo Napoli si offre di accompagnarla. Alletto accetta e gli propone di usare la propria macchina. Partono dall'istituto verso le 10.40. «Lungo il tragitto mi venne quasi spontaneo porle questa domanda: "Ma lei in questa aula 6 c'era o non c'era?". E in maniera altrettanto spontanea, senza esitazione della signora Alletto... lei mi disse: "No, io non c'ero".»[4] Arrivano in questura verso le undici; Napoli rimane alcuni minuti, poi gli consigliano di andare via perché potrebbe volerci molto tempo. Il verbale dell'interrogatorio di quel giorno comincia solo molte ore più tardi e quindi non sappiamo cosa sia successo e che cosa si siano detti tra le undici e le otto di sera. Quello che sappiamo è che questa volta a interrogarla ci sono Domenico Vulpiani, il capo della Digos, e il suo vice Carmine Belfiore. È l'interrogatorio che cambierà le sorti dell'indagine.

Abbiamo incontrato Vulpiani e Belfiore a palazzo Madama, in Senato, in quello che oggi è l'ufficio di Belfiore. Appesa alla parete c'era una lettera del presidente della Corte d'Assise Francesco Amato indirizzata al questore di Roma. Il giudice manifesta il «più vivo compiacimento per la valentia del personale della questura che si occupò del caso». C'era poi un elogio dedicato a Belfiore, allora primo dirigente, per «l'impegno, la correttezza, la sagacia, la professionalità». Dei tanti casi in cui sono stati coinvolti, questo è sicuramente quello che nessuno di loro ha mai dimenticato.

Il primo a parlare è stato Domenico Vulpiani: «È stata un'indagine fatta da più uffici anche con mentalità diverse, con personalità diverse. Io all'epoca dirigevo la Digos: l'ufficio della Digos era un ufficio molto più riservato, più tranquillo, mentre c'è più forza nell'ambito della Squadra mobile. Chiedemmo quella mattina del sabato di interrogare la signora Alletto, io e Carmine. Perché lo abbiamo chiesto noi due? Perché eravamo gli unici due che non le avevano mai fatto una domanda e comunque, sia io che Carmine, avevamo questa sensazione: ma come può una donna di cinquant'anni circa, madre di famiglia, aver partecipato a un omicidio consapevolmente? Proprio a un omicidio... a spara'?! Quindi probabilmente non se la sente di raccontare tutto. Forse la frase più bella che le abbiamo detto, alla Alletto: "Se fosse sua figlia?!"». Vulpiani era visibilmente commosso mentre ricordava quel giorno e per questo si è intromesso Carmine Belfiore: «Come avete appena sentito e visto, è un'indagine che ci ha toccato nell'animo, nel profondo. Veramente abbiamo dato il massimo di noi stessi».

La sera del 14 giugno 1997 nella stanza in cui ci sono Vulpiani, Belfiore e Alletto succede qualcosa di incredibile: Alletto cambia versione. Per la prima volta dice di essere entrata nell'aula 6 per cercare Lipari. Ci sono Liparota al centro della stanza, Ferraro e Scattone un po' più avanti, vicino alla finestra. Poi sente un tonfo, «una specie di colpo sordo», e ha la sensazione che sia uno sparo. Vede Ferraro «portarsi la mano sulla fronte in segno di "disperazione" mentre Scattone ha appena rilasciato la tenda [...] Nella mano destra impugna una pistola di colore nero, simile a quelle usate dalla polizia».[5]

Per gli inquirenti è arrivata la svolta: adesso hanno la testimonianza che serviva, non solo qualcuno che dice chi c'era nella stanza, come Lipari, ma una testimone che ha visto qualcosa di penalmente rilevante.

Interrogata da Carlo Lasperanza in udienza, nel settembre 1998, Alletto descriverà la posizione degli imputati e la scena del delitto: «E anche il dottor Scattone, sotto la finestra, aveva quasi le doghe davanti della finestra e in quel momento è stata una... è stato un bagliore, un tonfo quasi contemporaneo e insomma tra la coda dell'occhio e il girarmi ho visto questo». L'atteggiamento e il tono di Carlo Lasperanza sono molto diversi da quelli dell'interrogatorio dell'11 giugno: «Io posso capire che è un po' duro ricordare, però ho capito, ci dovrebbe dire cosa ha visto». E Alletto risponde: «Io ho visto Ferraro mettersi le mani nei capelli, entrambe le mani, e Scattone [...] scostava le doghe della tenda con la mano sinistra e la destra la ritraeva».

Il nome di Scattone è una sorpresa, nessuno aveva parlato di lui. Secondo la testimonianza di Lipari c'era solo Ferraro davanti alla finestra.

Ma se lì ci fosse stato solo Ferraro, avremmo un problema. Almeno secondo Luca: «Il problema di Ferraro è che

Ferraro è mancino e non può avere sparato un mancino in quel modo lì. Perché, ecco un'altra cosa che io ho fatto all'epoca: mi sono sporto, ho provato a vedere. È difficilissimo. Infatti, ho sempre pensato che chiunque sia stato, se ha sparato da là non può averlo fatto per caso, cioè l'omicidio colposo lì è impossibile perché per sparare in quel modo ti devi arrampicare, devi fare una rotazione del busto, sporgere il braccio». Sulla finestra è montato un condizionatore ingombrante e per sparare raggiungendo il punto in cui è stata colpita Marta Russo bisogna sporgersi molto con una manovra complicata per tutti e impossibile per un mancino. Non può essere stato Ferraro, doveva esserci anche il suo amico Giovanni in quell'aula e deve essere lui l'autore materiale dell'omicidio.

Non sappiamo chi e in quale momento si sia convinto che i responsabili dovessero essere due, ma al riguardo ci sono già state tre strane coincidenze.

La prima è che Romano, dopo aver incontrato Carlo Lasperanza a Filosofia del diritto a fine maggio, aveva parlato di due responsabili chiamandoli «due bambini mal cresciuti che hanno fatto una stupidaggine».[6] La seconda è che Alletto, durante l'interrogatorio dell'11 giugno, rimasta sola con il cognato, parla di Lipari, di Liparota, dei rapporti di forza all'università («Il nome è tanto, la presenza poca» afferma di Maria Chiara). E poi dice: «Bisognerebbe sapere chi è quell'altro oltre a Ferraro». La terza è qualcosa che Maria Chiara Lipari dice al padre durante una telefonata. Si riferisce al momento in cui ha fatto il nome di Ferraro in un interrogatorio: «Poi comunque quando facevo 'sto nome facevano tutti l'aria come: non è questo, non è questo, tira fuori quello vero». E aggiunge: «E se lo mettevo lì e poi non c'era? Rischiavo di rendermi completamente inattendibile». Pur difendendo la credibilità della testimone e seguendo le sue indicazioni, sembra che gli inquirenti avessero già capito che nel racconto di Lipari qualcosa non funzionava. Lei colloca davanti alla finestra solo Ferraro, ma lui è mancino e sparando da lì non avrebbe potuto colpire Marta. Ascoltando le parole di Maria Chiara al padre pare però che questo gli inquirenti lo sapessero già.

Di cosa aveva paura Alletto?

Nella nuova versione di Alletto, è Scattone a sparare e a uscire dalla stanza salutando Maria Chiara Lipari con un «Ciao Chiara» a bassa voce. Perché non ha parlato prima? A questa domanda Alletto non ha mai risposto in modo soddisfacente. Possiamo trovare diverse declinazioni, dalle interviste nei giorni dopo il 14 giugno all'incidente probatorio e fino al processo.

Durante l'incidente probatorio del 31 luglio 1997 all'avvocato Francesco Petrelli, che le chiede come mai dopo aver visto Scattone con una pistola non aveva capito cosa fosse successo, risponde: «Tento di capire, ma me lo rimando giù». «E che tentativi ha fatto per capire?» domanda Petrelli. «Paura» risponde Alletto. Cioè? In che modo ha provato a capire? «Mettendomi paura.» Petrelli le fa notare che non le ha chiesto se si fosse spaventata, ma se, dopo aver visto un assistente con una pistola, non avesse avuto la curiosità di affacciarsi alla finestra o di capire che diavolo ci facesse un'ambulanza lì sotto. Risposta: «No». «Non capivo che cosa fosse successo. Pensavo più a un incidente, non c'era niente che mi facesse capire che cosa fosse successo.»[7]

Quindi quella che sarebbe l'unica testimone di fatti penalmente rilevanti dice di non aver visto niente che le «facesse capire cosa fosse successo». Poi però, poco dopo, è Alletto a dire di avere avuto «una paura tremenda di quello che era successo, cercavo di proteggermi». Da cosa? «Da quello che sarebbe successo successivamente e che è successo [...] ho cercato di tirarmi fuori il più possibile da questa cosa, ho cercato di rimanere più scostata. [...] Per paura.» Di cosa? La conversazione va avanti a lungo senza che si riesca a ottenere alcuna spiegazione.[8]

Aveva paura di qualcuno? L'avevano minacciata? Lasperanza ci aveva detto chiaramente che arrestare Romano serviva a interrompere la pressione che il direttore faceva su Alletto, così che lei potesse parlare. È di lui che la segretaria aveva paura? Il 16 giugno, a un giornalista che le chiede se il professor Romano le avesse suggerito di tacere, Gabriella Alletto risponde: «No, assolutamente no. Dal professor Romano non ho mai ricevuto alcuna pressione. Se ho taciuto, è stato solo ed esclusivamente per il mio blocco psicologico».[9]

Di quel blocco Alletto aveva parlato anche durante l'interrogatorio di due giorni prima: «Non mi sentivo, né in questura né in procura, agganciata nel verso giusto dal punto di vista mio psicologico per cui si ribadiva in me stessa quella chiusura che era inizialmente nata. Devo anche aggiungere che, soprattutto nei confronti di Ferraro, avvertivo una sorta di compassione, dato che fino a quel momento era stato un ragazzo abbastanza cordiale».[10] Insomma, salutava sempre.

In aula, anche Lasperanza le chiede perché non ha detto subito quello che aveva visto. La segretaria dice di aver taciuto perché aveva paura di essere coinvolta, per proteggersi, per non ritrovarsi come una «mosca bianca» a subire una «valanga».

CARLO LASPERANZA [*pubblico ministero*]: «Signora Alletto io ho sempre pensato che in qualche modo a lei le fosse stata prospettata una realtà, una realtà forse diversa da quello che era accaduto, perché non riuscivo a spiegarmi come [...] dopo che Marta Russo è stata colpita, non dico dopo che è morta, dopo che Marta Russo è stata colpita, nessuno le si è avvicinato per, in qualche modo...».

GABRIELLA ALLETTO: «No».

CARLO LASPERANZA: «...fargli capire che era successa una disgrazia, che era meglio che non uscisse fuori questa cosa?».

GABRIELLA ALLETTO: «Ma questo lo abbiamo saputo il giorno in cui è successo».

CARLO LASPERANZA: «Ecco, segnatamente, siccome lei prima ha parlato di "lavaggio del cervello"».

GABRIELLA ALLETTO: «Sì. Io parlavo di "lavaggio del cervello", ehm, nel senso che se io andavo in istituto e facevo le prime cose della mattina però, cioè subentrava... veniva il professor Romano e ci diceva: "Che sono queste cose? Noi non c'entriamo niente". Questo era il "lavaggio del cervello", per scostarci magari dall'argomento primario, da dopo il 9 maggio».

CARLO LASPERANZA: «Quindi lei riferisce il discorso del "lavaggio del cervello" semplicemente a un modo di fare che aveva questo Romano quando entrava?».

GABRIELLA ALLETTO: «Sì, quando veniva in istituto».

[...]

CARLO LASPERANZA: «Quindi lei attribuisce a questo il discorso del lavaggio?».

GABRIELLA ALLETTO: «Sì, a questo discorso qui, sì».

CARLO LASPERANZA: «E quindi lei non ha parlato nei primi interrogatori perché riteneva che il professor Romano avesse ragione?».

GABRIELLA ALLETTO: «No, per l'ambiente, probabilmente per... sì, forse un po' era quello».

Per essere una persona che ha assistito allo sparo e che per settimane non ha parlato con nessuno, sembra davvero poco per spiegare il suo silenzio. A volte Alletto dice che non ha parlato con nessuno «per la riservatezza della cosa», una motivazione bizzarra per un omicidio. E perfino: «Non ho parlato di Scattone perché Scattone, anche se aveva fatto una cosa molto grave, non mi sembrava rilevante ai miei... ai miei interessi».

Quando un avvocato le chiede perché, nel momento in cui i sospetti si erano concentrati su altri dipendenti dell'università, come Zingale, Alletto non ha parlato per evitare che in carcere ci finisse un innocente, Alletto chiede perché mai avrebbe dovuto sentire quell'esigenza. E poi: «A me non mi è mica parente il Zingale».

Dello sparo, dirà Alletto, ha saputo solo verso l'una. Ma come verso l'una? Ha visto Scattone con una pistola in mano alle 11.42. «Era una cosa impossibile che fosse partito uno sparo» dirà durante l'udienza del 14 settembre 1998. Ma se aveva visto la pistola e un bagliore e se aveva sentito un tonfo? Se vedi uno che di solito fa esami e seminari impugnare un'arma e sai che una studentessa è stata colpita da un proiettile sotto alle finestre del tuo istituto non ti viene in mente di collegare le due cose?

C'è ancora un'altra variante nell'intreccio delle giustificazioni di Alletto. A un certo punto dice che non voleva fare la spia. Perché non è andata alla polizia? «Perché non voglio dire cose. Perché se avessero detto loro quello che era successo non era meglio?»

«Filosofia del delitto»

A ripensare a quel 9 maggio e ai giorni seguenti, c'è un altro particolare difficile da spiegare. Qual è la reazione di Gabriella Alletto dopo aver visto Scattone con la pistola? Urla? Chiama qualcuno? Piange? No, torna in segreteria e riprende «la sua normale attività». Nei giorni successivi il suo comportamento è quello di sempre. È lei la persona di segreteria che aiuta Ferraro durante gli esami e che risponde al telefono scherzando: «Pronto? Filosofia del delitto».

La mattina del 14 giugno, poche ore prima della nuova versione di Alletto, sull'«Unità» così si parla della segretaria: «Calma sul serio, ai limiti del disinvolto, appare piuttosto Gabriella Alletto, l'altra impiegata. Aiuta gli studenti a prenotarsi per gli esami del prossimo 2 luglio. Gli studenti si prenotano con giustificato scetticismo. Sulla copertina del primo registro c'è infatti scritto: "Professor Romano, lettere dalla A alla D". Una ragazza chiede: "Ma se l'hanno arrestato?". E la signora Alletto, tranquilla, rassicurante: "E cosa vuol dire? Intanto, per quella data potrebbero averlo benissimo scarcerato"».[11]

Il comportamento di Alletto dopo il 9 maggio se lo ricordano in molti. Come Simona Sagnotti, alla quale la segretaria aveva detto: «Simona, io non ci sono mai entrata nell'aula 6! Ma vedrai che alla fine risulterà che c'ero». Non ha mai detto di avere paura di Scattone o di Ferraro, né si è mai comportata in modo strano con loro. Anche quando inizia a cambiare atteggiamento e a mostrarsi ansiosa per i continui interrogatori, mantiene con i due assistenti rapporti normalissimi, soprattutto con Ferraro. Fino al 14 giugno.

Alletto rifiuterà il confronto in aula con Sagnotti, ma non le interviste. Come quella di Corrado Augias in televisione o quelle sui giornali.

L'abbiamo cercata per conoscere la sua versione, prima all'ufficio matricole dell'università – è lì che si era trasferita poco dopo aver fatto i nomi di Scattone e di Ferraro – e poi a casa. Ma Gabriella Alletto non aveva molta voglia di parlare con noi o, meglio, non voleva proprio più sentir parlare di questa storia. La sua reazione ci è sembrata quella di una donna aggressiva, appena uscita da un'esperienza angosciante. Eppure sono passati più di vent'anni e la sua versione è stata creduta dalla Corte.

«A mamma sì!»

C'è un'altra persona che Maria Chiara Lipari ha detto di aver visto nell'aula 6: Francesco Liparota. È un usciere e anche lui ha qualcosa da nascondere. Tutto comincia con le timbrature dei cartellini di altri dipendenti, che è una truffa ai danni dello Stato, proprio a Giurisprudenza, proprio a Filosofia del diritto. E pochi anni dopo che la stessa facoltà era stata coinvolta in un giro di esami venduti. È un buon pretesto per spingerlo a rispondere.

Nell'interrogatorio del 12 giugno, Liparota ammette la truffa allo Stato, ma nega di essere entrato nell'aula 6 e di aver visto qualcuno sparare o maneggiare un'arma. Poi esclude che Ferraro fosse in istituto il 9 maggio, perché in quel caso se ne sarebbe sicuramente accorto.

Il 14 giugno Liparota viene arrestato con l'imputazione di omicidio volontario, detenzione e porto abusivo di armi in concorso. Nell'ordinanza di custodia cautelare c'è scritto che «certamente il Liparota non era in nessuno degli altri locali dell'istituto, atteso quanto riferito dalle persone che si trovavano nelle altre stanze» e che il suo concorso è «quantomeno morale».

Quando lo perquisiscono gli trovano addosso un bigliettino su carta intestata della Digos. È scritto a mano, in stampatello, e contiene la sua confessione: «Io sottoscritto Liparota Francesco dichiaro di non aver visto la pistola, ma di aver visto il dott. Scattone e il dott. Ferraro affacciati alla finestra. Ho udito un suono cupo e mi sono successivamente reso conto che avevano sparato. Ho taciuto perché sono stato minacciato di ritorsione da parte loro e anche da parte di loro conoscenti».

Il pomeriggio del 16 giugno, in carcere, Liparota viene interrogato e dice di aver sentito «un suono abbastanza cupo, tonfo, come un tonfo». Mentre lo interroga, Lasperanza gli chiede se ha raccontato a qualcuno quello che ha visto il 9 maggio.

La versione del pubblico ministero, allora e oggi, è questa: «Liparota scrive in un biglietto la stessa dinamica che avevano già riferito sia la Lipari che la Alletto. Io gli dico:

"Senta, lei ci ha fatto questa dichiarazione oggi. Scusi, ma lei queste stesse cose che sta dicendo oggi a me, a chi le ha dette?". "A nessuno." "No a nessuno, a mamma, sì?" "A mamma sì!"».

Per il magistrato è importante avere un'ulteriore conferma della nuova versione di Liparota. A questo punto Lasperanza è disponibile a chiedere la sua scarcerazione se la madre conferma quello che Liparota ha appena raccontato. «Io do parere favorevole alla scarcerazione, immediatamente, perché vedevo che anche stava poco bene. "Benissimo" dico. "Lei ha collaborato, però l'avvocato mi accompagna dalla madre".»

A casa Villella-Liparota ci vanno intorno alle otto di sera. «Dissi: "Signora, guardi, suo figlio è stato scarcerato. Ci ha detto queste cose e ha detto che le ha dette a lei per prima. Qui è presente l'avvocato di suo figlio come garante". E la signora disse: "Sì, effettivamente mio figlio era terrorizzato per le pressioni che aveva ricevuto da Ferraro e dagli altri".» Rosangela Villella racconta che due o tre giorni dopo l'omicidio aveva visto il figlio molto ansioso e gli aveva chiesto che cosa fosse successo. Francesco le aveva risposto che c'erano Scattone e Ferraro nell'aula 6 quella mattina, e poi di essere stato minacciato.

La versione di Francesco Liparota – che è stato assolto da ogni accusa – è molto diversa da quella del magistrato. Quando lo abbiamo incontrato insieme al fratello Fabio, ci ha detto che a sua madre non aveva raccontato proprio niente perché lui il 9 maggio non aveva visto nulla. Eppure con i magistrati, in carcere, aveva ceduto. Dopo aver letto le dichiarazioni di Alletto, aveva deciso di confermarle. Perché voleva uscire di galera, «perché ero proprio disperato». Liparota, all'epoca, era depresso e prendeva degli psicofarmaci, si era sentito prigioniero fin dal primo interrogatorio. Quando conferma la versione di Alletto, Lasperanza – forse perché consapevole dell'instabilità del testimone – cerca di ottenere ulteriori conferme e gli dice che è impossibile che di una cosa tanto grave non abbia parlato con nessuno. Francesco Liparota ricorda bene quel momento. Il pubblico ministero insiste, non può credere che non si sia confidato con nessuno, e gli dice: «Almeno a mamma lo avrai detto». Liparota risponde di sì, «a mamma sì».

A quel punto, secondo la ricostruzione dei due fratelli, gli inquirenti arrivano a casa della loro famiglia. «Cominciano a mettere in mezzo mia madre, le dicono: "Ah, guardi che suo figlio ha detto questo, ci ha detto che lei sa, lei che fa, conferma? Altrimenti suo figlio...". E mia madre, che ha la quinta elementare, ha detto "Sì, sì, come ha detto mio figlio". Ed ecco il verbale della signora Villella.» Per Fabio e Francesco Liparota quel verbale vale poco. Forse nessuno, davanti a dei poliziotti che chiedono di confermare una dichiarazione del figlio in carcere, avrebbe invece deciso di smentirla rischiando di peggiorare la sua posizione. «Il problema fondamentale è che nella sfortuna [gli inquirenti] hanno avuto la fortuna... sono incappati in persone fragili. Io parlo di Maria Chiara Lipari e di mio fratello» è stata la conclusione di Fabio.

Durante il processo, l'accusa chiama Rosangela Villella, la madre di Liparota, affinché ripeta davanti alla Corte quello che suo figlio le avrebbe raccontato. Ma la donna non si presenta in aula e si rifiuta di testimoniare. Secondo i due fratelli, la madre non si è presentata perché non voleva dire una cosa falsa e neppure autoaccusarsi per aver mentito a un magistrato quella sera del giugno 1997.

Restava da approfondire una cosa: perché Francesco Liparota ha confermato la versione di Alletto? Perché ha scritto di aver visto Scattone e Ferraro sparare? Con noi, su questo punto, è stato molto chiaro: «Il bigliettino me l'hanno fatto scrivere loro a San Vitale dopo che mi hanno fatto leggere le dichiarazioni della Alletto. Mi hanno fatto minacce su quello che mi sarebbe successo in carcere. Io poi un po' so' crollato, anche a livello psicologico, gli ho confermato un po' la versione della Alletto, che avevo appena letto tra l'altro, e quindi me l'hanno fatto mettere per iscritto, e poi me l'hanno infilato in tasca quando mi sono alzato e mi portavano in carcere».

A distanza di molti anni non ricordava esattamente dove fosse quella mattina del 9 maggio 1997, alle 11.42.

«Ho sempre detto che è possibile che io stavo nell'aula 6, però se io stavo lì, non c'erano loro [cioè Scattone, Ferraro, Lipari, Alletto]. Io in quell'aula ci entravo sempre per lavoro perché è anche adibita alla biblioteca, ci stanno i libri, e io distribuivo i libri. Quello che posso dire con sicurezza è che la scena che descrive l'Alletto non l'ho mai vissuta. Quindi sono due le cose: o l'Alletto mente solo su di me o mente su tutto.»

Insomma, se crediamo a quello che ci ha detto Liparota (che, ripetiamo, è stato assolto) facciamo sempre più fatica a fidarci delle ricostruzioni dell'accusa.

Il 17 giugno Liparota ritratta la sua confessione. Ho avuto paura del carcere, dice. «Tutta la mia debolezza psicologica in quel momento... non ce l'ho fatta a... adesso non ci resisto più, preferisco stare dentro pur di... piuttosto di... che vivere con il rimorso.» Il pubblico ministero Ormanni gli domanda: «Ma che ritrattazione ha fatto? Questo fervorismo pasquale, la sua ritrattazione significa che lei non era in quella stanza?». «Confermo di non aver udito uno sparo, di non aver visto quelle persone all'interno della stanza e non ricordo di essere stato in quella stanza.» Liparota aggiunge che preferisce andare in carcere piuttosto che mentire rischiando di mandare in prigione due persone innocenti.[12]

Durante il processo ricorderà le minacce, la paura, la descrizione del carcere e di quello che gli sarebbe successo. Racconta che i poliziotti lo prendevano in giro dicendogli che Alletto stava a casa tranquilla e lui invece in galera, e ridevano. Aveva inventato la storia delle minacce per giustificare il fatto che stesse parlando con tanto ritardo. Poi descrive il suo rimorso, il giorno dopo aver parlato. «La notte più brutta della mia vita.» «Tentai più volte di dire la verità [...] ma il gip sembrava orientato, non voleva starmi a sentire. [...] Decisi allora di dire quello che effettivamente capii che loro volevano sentire detto, quello che dovevo dire per uscire.»

«La piramide oscura»

La sera del 14 giugno, subito dopo le dichiarazioni di Alletto, il giudice per le indagini preliminari si precipita nel suo ufficio per firmare l'ordinanza di custodia cautelare. C'è scritto che «le dichiarazioni della Alletto collimano perfettamente [...] con il racconto della dott.ssa Lipari». No, non collimano perfettamente. Perché Lipari non ha detto che c'erano due persone affacciate alla finestra, ma una sola. Anche durante la ricostruzione con i manichini, ne ha posizionato uno solo alla finestra, Ferraro. Di Scattone non ha mai parlato. In quell'ordinanza c'è anche scritto che, nelle parole di Maria Chiara Lipari, fin dal 24 maggio – che è il giorno in cui si imbatte nella macchina rossa appostata sotto casa – «l'indicazione del Ferraro quale terza persona nella sala assistenti appare inequivocabile». Eppure, tre giorni dopo, il 27 maggio, agli inquirenti Lipari ancora diceva «non sono sicura di averlo visto» e, come sappiamo già, a suo padre, addirittura due settimane più tardi: «Non potevo verbalizzarlo perché [...] non potevo essere sicura. E se lo mettevo lì e poi non c'era?».

La notte del 14 giugno la polizia arresta i responsabili dell'omicidio di Marta Russo. Scattone e Ferraro vengono portati al commissariato di via di San Vitale, dietro al Quirinale. Poi a Regina Coeli. Si prendono le impronte digitali. Si scattano le foto segnaletiche. I primi interrogatori si svolgono senza avvocato, in carcere, durante la notte tra sabato 14 e domenica 15 giugno.

«Confessate che vi conviene» è il consiglio che gli inquirenti danno ai due.

«Dov'è la pistola?» chiedono a Scattone.

«Dicci che è stato Scattone e te ne vai a casa» dicono a Ferraro.

Con loro gli inquirenti adottano una strategia abbastanza classica: è una specie di dilemma del prigioniero. Conviene collaborare e accusare l'altro. E questo vale soprattutto per Ferraro, che avrebbe potuto risparmiarsi il carcere ammettendo di aver visto Scattone sparare.

«Potrei anche dire che sono stato io a sparare, ma quando mi chiedono dove ho buttato la pistola che cosa rispondo?» dice Scattone.

«Non ho commesso il fatto; non ero neanche nella sala assistenti quando il fatto è accaduto» dice Ferraro. Che oggi ricorda così i primi giorni di carcere: «Le maglie della giustizia mi avevano anche considerato un sorvegliato speciale, quindi io sono stato tantissimi giorni in isolamento in una prima cella che era molto dura, oscura, buia, non aveva le grate, ma aveva solo dei lastroni di acciaio con dei buchi forati. E allora a quel punto subentra l'adattamento alla condizione carceraria. In quel momento è iniziata la mia introversione, cioè il mio andare a interessarmi di quello che accadeva dentro il carcere, anche perché quello che accadeva fuori era aberrante. Eravamo nel pieno di un'assurda campagna di mostrificazione da parte della stampa e da parte dei media nei nostri confronti.

«Quello che avveniva dentro, provenendo io da studi giuridici, da studi di filosofia del diritto, da studi di diritto penale – ero anche avvocato – cominciava gradualmente a rivelarmi la piramide oscura del "mondo diritto". Cominciavo a vedere quello che non avevo visto precedentemente, cioè il mondo carcerario, i detenuti, i loro problemi e tutta la mostruosità che ruota intorno a questa istituzione. Io sono stato più di un mese, se ricordo bene, in isolamento. Quindi non avevo nessun rapporto con nessuna persona. Se prima mi sono affidato, volente o nolente, ma anche volente in un certo qual modo, al meccanismo della giustizia, ho sempre riconosciuto il giudizio e il giudice, il processo come un momento importantissimo di verifica, oggi invece pretendo la verità storica e quindi indipendentemente da quello che un tribunale mi può dare o quello che un giudizio mi può dare. Io oggi voglio la verità, pretendo la verità, sono certo che prima o dopo la verità verrà fuori. L'unica cosa che mi auguro è di essere vivo il giorno in cui questo accadrà.»[13]

VI

Alibi

Avere un alibi è importante perché ci permette di escludere la colpevolezza di qualcuno. Ma non è vero il contrario. Ovviamente ci sono molte ragioni per le quali un sospettato può non avere un alibi, può non ricordare dove fosse e cosa stesse facendo in un determinato momento, oppure può ricordarselo, ma non poterlo dimostrare, semplicemente perché era da solo, non era al telefono né davanti a una telecamera.

Il fatto che l'assenza di alibi da sola non provi nulla fa parte del principio della presunzione di innocenza, che è centrale nella nostra procedura penale ed è stato rafforzato di recente anche da una direttiva europea.[1] Ma la realtà non sempre si adegua ai principi; Massimo Mancini, il primo nome fatto da Maria Chiara Lipari, ancora oggi è convinto che, se non avesse avuto un alibi, avrebbero ritenuto lui l'assassino di Marta Russo.

Dove eravate cinque settimane fa alle 11.42? A che ora siete usciti di casa? Avete parlato al telefono con qualcuno? E con chi? Pensateci se non avete una routine regolare, se non siete tutti i giorni alla scrivania nell'ufficio in cui lavorate dalle dieci alle diciotto, se controllando il rullino dell'iPhone scoprite che non avete scattato una foto in quel momento, oppure se nel vostro calendario Google quel giorno corrisponde a una casella bianca. E oggi, per provare a rispondere, tutti noi potremmo usare degli strumenti che nel 1997 non erano disponibili.

Dove eravate cinque settimane fa alle 11.42? Salvatore Ferraro e Giovanni Scattone, almeno in un primo momento, hanno esitato.

L'alibi di Ferraro

Salvatore Ferraro ha sempre detto di non essere andato all'università venerdì 9 maggio. È rimasto a casa tutta la mattina, fino un certa ora insieme alla sorella Teresa, e come tante altre volte ha parlato spesso al telefono con Marianna Marcucci.

A noi ha raccontato quello che ricorda del giorno che ha stravolto la sua vita. Quel venerdì, il suo giorno di riposo, lo ha passato a leggere *L'incomprensione linguistica* di Talbot Taylor, e al telefono. Ha ribadito che quella era una giornata come un'altra e per questo alcuni dettagli sono imprecisi e si confondono nei suoi ricordi. E poi ha insistito su un punto: «Ci sono ben quattordici testimoni, ripeto quattordici testimoni, quattordici studenti che hanno detto che quel giorno non mi avevano visto, di cui ben tre avevano cercato la mia persona in vari uffici dell'istituto senza trovarmi».

Effettivamente, leggendo le carte e riascoltando il processo, sono molte le persone che dicono che Salvatore Ferraro la mattina del 9 maggio in istituto non c'era, contraddicendo Lipari e Alletto. Ciò non esclude ovviamente la possibilità che sia andato all'università senza che nessuno lo abbia visto, sia entrato nell'aula 6 poco prima delle 11.42 e sia scappato subito dopo. Insomma, che molti non lo abbiano visto non basta per escludere che ci fosse. Alcuni, però, quella mattina lo hanno proprio cercato, senza trovarlo. Come Francesco Liparota, che è andato alla sua ricerca prima nelle stanze dell'istituto e poi, visto che era giorno di esami, anche nelle aule. Se è vero che non averlo visto non implica la sua assenza, è pur vero che l'istituto è abbastanza piccolo da rendere improbabile che Ferraro ci fosse andato senza essere visto.

Quando Ferraro, in commissariato, propone come alibi una sua telefonata con Marianna Marcucci nella tarda mattinata del 9, gli inquirenti gli fanno subito notare che quella telefonata non copre l'ora del delitto. A quel punto Salvatore cambia versione, dice che forse non erano al telefono, forse Marianna era andata a trovarlo a casa sua. Si confonde e si contraddice. All'epoca si era parlato molto di questo aspetto e in una puntata di «Porta a Porta»,[2] registrata subito dopo la fine del processo di primo grado e con Scattone e Ferraro ospiti in studio, Francesco Giorgino del Tg1 insiste sulla contraddizione di Ferraro.

«Ma Marianna Marcucci» ribatte Ferraro «era un'amica che mi telefonava circa trenta, trentacinque volte al giorno. [...] L'8 maggio mi chiama circa diciotto volte la mattina tra le 8.30 e le 12.30. Io probabilmente arrivai in questura con questo ricordo preciso di un bombardamento di telefonate fatte da questa amica. Quando mi fu... fu rilevato che c'erano sì presenti delle telefonate, ma non coprivano il periodo interessato... che poteva interessare ai fini della costruzione di un alibi, ricordai che la sera del 9 maggio c'era una festa di Serena Marcucci, sorella di Marianna Marcucci, e che la stessa Marianna era venuta a casa mia a parlarmi di questa festa e a organizzare... per organizzare appunto questa festa.»

Sulla «Repubblica», pochi giorni dopo l'arresto di Ferraro, vengono riportati i verbali dell'interrogatorio in cui gli avevano chiesto quale fosse il suo alibi e che cosa avesse fatto quella mattina.[3] Ferraro ripete che la mattina del 9 maggio Marcucci (che «la Repubblica» sostiene essere la fidanzata) era arrivata a casa sua tra le 10.30 e le 11, era rimasta un'ora, un'ora e mezzo, che non gli aveva telefonato così spesso come era solita fare proprio perché stavano insieme.

Qual è invece la versione di Marianna Marcucci? Marcucci si presenta agli inquirenti come alibi di Ferraro. All'inizio dice, come lui, che all'ora del delitto erano al telefono. La prima volta che viene interrogata, il 12 giugno, dice di avergli telefonato molte volte come faceva di solito; e poi quel giorno era anche il compleanno di sua sorella e Marianna stava preparando una festa per quella sera. Ci sono però solo tre telefonate il 9 maggio e – come gli inquirenti hanno fatto notare a Ferraro – nessuna di queste all'ora del delitto. Alle contestazioni dei poliziotti la ragazza si giustifica: forse non gli ho telefonato, forse quella mattina sono andata a casa sua. «Ho detto di aver chiamato Ferraro dalla cabina del bar perché questa è la mia normale abitudine, cioè quella di chiamare prima di salire a casa sua, per cui mi sono evidentemente sbagliata in buona fede confondendo le circostanze.»[4]

I magistrati non credono alla sua buona fede e non credono che le contraddizioni di Marcucci siano dovute alla sovrapposizione dei ricordi e alla confusione tra un giorno e l'altro. La accusano di aver detto intenzionalmente una bugia e di proteggere l'assassino. A giustificare i sospetti degli inquirenti c'è un elemento in più: Marcucci dice di aver assistito alla telefonata di un'amica della sorella di Ferraro. Ma quella telefonata, tabulati alla mano, viene fatta a un orario in cui Marcucci aveva detto di essere già uscita. È anche per via di questa circostanza che gli inquirenti sospettano che i due si siano messi d'accordo.

Marianna Marcucci, imputata di favoreggiamento personale («affermava circostanze false al fine di aiutare Ferraro»), durante il processo deciderà di avvalersi della facoltà di non rispondere. Per Ferraro le cose si mettono male e nella sentenza gli verrà attribuita una «spasmodica ricerca di testimoni che potessero riferire circa la sua assenza il 9 maggio 1997 dalla sala assistenti».[5]

Per Teresa Ferraro, l'ipotesi che il fratello quel giorno

sia andato all'università è assurda. Quella mattina lei esce di casa alle 11.30, dodici minuti prima dello sparo. In quel momento Salvatore è ancora in pigiama. Teresa va in palestra e torna verso le 12.35, poi pranza a casa con il fratello che è «assolutamente tranquillo». Secondo Teresa «Salvatore quella mattina era a casa, nella nostra casa di Roma, settanta metri quadrati, due stanze, una per me, una per lui. Era con me». Insieme hanno saputo del ferimento di Marta Russo, insieme hanno sofferto per quel delitto assurdo, insieme hanno seguito le notizie per capire com'erano andate le cose e chi erano i responsabili. È sorpresa e arrabbiata per quello che Gabriella Alletto ha detto del fratello. Come si fa a mentire in questo modo e in un caso così grave? «Io non so come la signora Alletto faccia a vivere in pace.»[6]

Prendendo per buona la ricostruzione temporale di Teresa, abbiamo deciso di fare una prova. Abbiamo cronometrato quanto tempo ci vuole da casa loro fino all'aula 6, per vedere se Ferraro avrebbe fatto in tempo a tornare a casa ed essere lì quando la sorella rientra dalla palestra e dice di avercelo trovato. Siamo partite dal portone di quello che all'epoca era il loro appartamento, abbiamo avviato il cronometro e abbiamo aspettato circa un minuto, cioè il tempo necessario per chiudere la porta di casa, scendere le scale o prendere l'ascensore e uscire in strada. Poi abbiamo camminato per qualche metro prima di girare a sinistra in direzione di viale Ippocrate, che è una strada larga, piena di copisterie per stampare e rilegare le tesi con la copertina di finta pelle e il nome e il titolo scritti in oro, e di bar frequentati dagli studenti.

Lo abbiamo percorso fino all'incrocio con viale Regina Elena, sono seicento o settecento metri. Il proseguimento di viale Ippocrate è viale dell'Università, dove c'è un ingresso della città universitaria e anche del policlinico Umberto I. Entrando in università da qui, si percorre un vialetto, quello dove si trovavano Marta e Iolanda prima di attraversare il tunnel, dove c'erano le cabine telefoniche e l'ingresso della facoltà di Scienze politiche. Proseguendo, sulla sinistra c'è il tunnel e, davanti, il fianco della facoltà di Giurisprudenza. Girando a destra si devono salire alcuni gradini per entrare. Ci abbiamo messo sei minuti.

Una volta dentro, bisogna salire all'istituto di Filosofia del diritto, percorrere un corridoio ed entrare nell'aula 6. Arrivate davanti alla finestra abbiamo controllato il cronometro: nemmeno sette minuti. Non si può quindi escludere che Ferraro fosse in quest'aula all'ora del delitto, perché avrebbe fatto in tempo, partendo poco dopo le 11.42, a essere a casa per quando torna anche Teresa.

L'alibi di Scattone

«Dov'eri cinque settimane fa alle 11.42?» Anche a Giovanni Scattone fanno la stessa domanda. Nemmeno lui, in un primo momento, riesce a ricordare con precisione che cosa ha fatto quella mattina, dov'è andato e con chi ha parlato. I suoi spostamenti, e quindi il suo eventuale alibi, sono più complicati di quelli di Ferraro, ma l'elemento fondamentale è il possibile incontro con un professore di filosofia.

Scattone ricorda con certezza di essere uscito di casa verso le dieci, di aver preso la metropolitana e di essere andato a Villa Mirafiori, una sede distaccata della Sapienza, dove c'è la facoltà di Filosofia. Ci sono dodici fermate tra la stazione più vicina alla casa di Scattone e quella di piazza Bologna, la sua destinazione, e ci vuole un po' meno di mezz'ora. Una volta arrivato a Villa Mirafiori, Scattone ci resta per circa un'ora.

Per tornare alla sede centrale della Sapienza cammina qualche minuto verso la fermata del 310, un autobus che in poche fermate arriva alla città universitaria. Scattone scende dall'autobus, va prima a Lettere per vedere la data di un appello e poi in segreteria della stessa facoltà perché ha bisogno di un certificato. Infine, cammina verso Giurisprudenza e l'istituto di Filosofia del diritto. Arrivato nella sala cataloghi, incontra un borsista che cerca Ferraro per fargli una domanda sull'esame di logica giuridica, ma non riesce proprio a trovarlo e per questo si rivolge a Scattone. I due parlano per quindici o venti minuti. Da quella stanza, alle 12.44 prova a telefonare a casa di Ferraro, ma non risponde nessuno. Pochi minuti più tardi riprova e parla con Ferraro della festa di compleanno della sorella di Marianna Marcucci in programma per quella sera. Sono le 12.56, la telefonata dura tre minuti. Poi Scattone esce dalla facoltà e dalla città universitaria e ripercorre la strada a ritroso per tornare a casa.

C'è qualcuno che può confermare? La ricostruzione temporale della mattina del 9 maggio è un po' ingarbugliata e difficile da seguire, benché tutti gli elementi concorrano a farci comprendere qualcosa in più del possibile ruolo di Scattone in questa storia, non solo cosa stesse facendo all'ora del delitto, ma anche quale atteggiamento avesse subito dopo, se fosse tranquillo o agitato. La cosa più importante da capire è: quando Scattone è a Villa Mirafiori, è da solo o incontra Eugenio Lecaldano, il professore di Filosofia? E se è con lui, fino a che ora ci resta?

In quel periodo Scattone va spesso a Napoli perché frequenta un corso di perfezionamento in filosofia politica. È lì il giorno prima del delitto, sta organizzando un convegno in cui è coinvolto proprio Eugenio Lecaldano. Di recente Scattone gli ha chiesto consigli per la sua tesi di dottorato e ipotizza di averlo incontrato la mattina del 9 maggio.

Quando viene interrogato, il 19 giugno, pochi giorni dopo gli arresti, Lecaldano dice di essere sicuro di aver incontrato Scattone, ma non ricorda la data: «Molto probabilmente un venerdì di maggio».

I venerdì di maggio sono cinque, cioè il 2, il 9, il 16, il 23 e il 30. Come per altre testimonianze, non è facile mettere ordine in quello che Lecaldano dice negli interrogatori e poi in udienza durante il processo. Se il giorno sembra ancora incerto e vanno considerati come possibili tutti i venerdì del mese, il professore sembra ricordare qualcosa in più riguardo all'orario.

Sicuramente era mattina, metà mattina o tarda mattinata. Lecaldano cerca di risalire all'ora esatta facendo un ragionamento: fa lezione fino alle 10.30 e poi tiene un seminario di circa un'ora. «Posso solo dire che, se il seminario fosse finito alle ore undici, poco dopo avrei incontrato Scattone, e lo stesso se fosse finito in un altro orario.» Se Lecaldano fa lezione dalle 9.30 alle 10.30, poi ha il seminario che dura un'ora e infine incontra Scattone, i due devono vedersi poco dopo le 11.30. Significa che l'incontro con Scattone è avvenuto alle 11.30 circa di un venerdì di maggio.

Un testimone ostile

Insomma, sappiamo che l'ora dell'incontro tra Lecaldano e Scattone è intorno alle 11.30, molto vicina a quella del delitto. Ma non sappiamo ancora la data. E in questo Lecaldano non è d'aiuto: se già la sola indicazione del «venerdì» non era sufficiente, un anno dopo, durante il processo, il professore cambia versione e dice di non essere sicuro neanche del giorno della settimana.

In aula si rimangia la sua prima dichiarazione, fatta a pochi giorni dall'arresto di Scattone, quando la sua memoria era verosimilmente più affidabile. Adesso dice che l'incontro poteva essere avvenuto sia di lunedì, sia di mercoledì, sia di venerdì. Bisogna ricominciare daccapo e controllare tutti i lunedì, i mercoledì e i venerdì del mese di maggio. Venerdì 2 maggio è da escludere perché Giovanni Scattone è a Napoli. Anche il primo lunedì e il primo mercoledì del mese vanno esclusi perché Lecaldano non è a Roma. Venerdì 9 ci sono entrambi. A questo punto l'incontro potrebbe essere stato venerdì 9 maggio, lunedì 12 maggio, mercoledì 14 maggio o venerdì 16 maggio.

Mentre si cerca di controllare le date, e dopo che alcune di quelle prese in considerazione dal professore vengono verificate ed escluse, è lo stesso Lecaldano a tornare alla sua prima ipotesi. Sono più attendibili le sue vecchie dichiarazioni, dice, ed è di nuovo convinto di aver incontrato Scattone un venerdì. Non solo perché quelle dichiarazioni erano state fatte a ridosso degli eventi. Erano anche più accurate perché all'epoca, per rispondere alla polizia, aveva usato la sua agenda. Durante il processo, Lecaldano appare più volte confuso, si scusa in continuazione per la sua memoria difettosa e alla fine accetta di «riportarsi integralmente a quanto [...] a suo tempo ha dichiarato alla polizia di Stato».

Specifica che deve trattarsi di «uno dei due venerdì di maggio», cioè venerdì 9 maggio oppure venerdì 16 maggio. La difesa e l'accusa possono di nuovo restringere il cerchio. Il 16 maggio c'erano i funerali di Marta e la maggior parte dei professori non ha tenuto né lezioni né seminari. Non solo, la difesa mostra in aula dei documenti che portano a escludere del tutto quella data: dimostrano che Giovanni Scattone, il 16 maggio, è fuori Roma per sostenere un esame presso la Comunità Europea.

Insomma, Giovanni Scattone il 9 maggio, verso le 11.30, era a Villa Mirafiori con Lecaldano?

A un certo punto, durante il processo, il professore rammenta un particolare fondamentale. «Ricordo chiaramente che ci fu questo incontro. Per quello che riguarda l'ora [...] io propendevo e propendo tuttora – perché non sono riuscito a trovare nulla di più sicuro nella mia memoria, chissà perché – [...] per la fine della mattinata [...] perché [...] lo legavo un po' alla mattinata, nel senso che poi io mi ricordo che [...] c'era poca gente fuori nel corridoio dove io incontrai Scattone; c'era poca gente e questo solitamente vuol dire che le mie attività sono terminate. E poi mi ricordo che dopo [...] quello che venne dopo... che andai in libreria, che poi arrivai a casa, e ricordo questa cosa, forse prima non l'ho detto, ma me la ricordo bene, che arrivai all'una e mezza, aprii il telegiornale e sentii questa cosa tremenda.»

Lecaldano sta dicendo che il giorno in cui parla con Scattone è lo stesso giorno in cui arriva a casa, accende la televisione e viene a sapere dal telegiornale del ferimento di Marta Russo. Se ha questo ricordo, perché dice di non sapere la data dell'incontro con Giovanni Scattone? Ovviamente, quella notizia è stata data il 9 maggio. Le parole di Lecaldano lasciano intendere chiaramente che la data dell'incontro è il 9, come sottolinea in aula anche l'avvocato della famiglia Russo: «E oggi noi per la prima volta apprendiamo un dato importantissimo! Vale a dire il fatto che effettivamente Scattone quel giorno lei lo vide! Perché lei ricollega la presenza di Scattone con il notiziario delle 13.30!».

Non finisce lì. Lecaldano ripete più volte di essere una persona «regolare», che scrive tutto sulla sua agenda. Quell'agenda del 1997 è quindi particolarmente preziosa. Quando la polizia lo interroga sull'alibi di Scattone, la usa per rispondere. Ovviamente, Lecaldano sa che sarà chiamato a rispondere alla stessa domanda in un processo per omicidio e dunque che quell'agenda sarà fondamentale. Tutti immaginano che l'abbia conservata con cura. E invece: «Io mi scuso, [...] non avendo sottomano un'agenda ho qualche difficoltà a individuare la data [...] Quando io parlo di queste cose in genere ho sottomano un'agenda con i giorni, sennò non riesco bene...». Il presidente della Corte gli domanda perché allora non l'abbia portata. Lecaldano dice che non ce l'ha. Il presidente è stupito: «Non ce l'ha più o non ce l'ha?». Eugenio Lecaldano risponde: «Non ce l'ho più».

L'udienza continua e poco dopo il professore, facendo seguito alle domande, sembra di nuovo riferirsi alla sua agenda del 1997 come se la conservasse ancora. Dice: «Se mi permettete, io sono abbastanza regolare, credo almeno di essere abbastanza regolare nelle lezioni, può anche essere capitato... non ho qui sottomano... ma questo lo potrei controllare in un'agenda, perché poi, tra l'altro, io segno queste cose». Ovviamente, gli viene subito fatto notare che, se l'agenda del 1997 l'ha buttata, non si capisce come possa controllare lì le informazioni di cui la Corte avrebbe bisogno. Lecaldano tentenna e poi conclude scusandosi.

Lo abbiamo chiamato, ma ci ha detto che non voleva darci spiegazioni su questa storia e che non voleva essere coinvolto.

La segreteria

C'è un'altra cosa che Scattone sembra riuscire a ricordare di quella mattina: verso mezzogiorno va alla segreteria di Lettere per ritirare un certificato. La segreteria è un edificio vicino all'ingresso posteriore della città universitaria, quello su viale Regina Elena. Alla fine di una rampa di scale ci sono le porte delle segreterie delle varie facoltà.

Giovanni Scattone entra e aspetta il suo turno. Di quel certificato c'è una copia con la data, 9 maggio, ma manca l'ora. Si può tentare di ricostruirla: a che ora erano lì quelli con i numeri subito precedenti a quello di Scattone, il 97K1102329? Tutti rispondono: intorno a mezzogiorno. Anche Scattone doveva essere lì verso quell'ora. L'accusa chiama in aula alcuni studenti che erano in segreteria per chiedere loro se ricordano di aver visto Scattone. La segreteria è uno stanzone, ha cinque o sei sportelli, quindi diverse file formate da più persone ciascuna, come alle poste o in qualsiasi altro ufficio pubblico. L'impresa non è facile, visto che sono passati due mesi e tenendo presente che il numero di iscritti alla Sapienza supera il numero di posti di uno stadio come San Siro, che Lettere non è la facoltà di Scattone e che tra i presenti in segreteria non c'erano suoi amici. Non dev'essere facile per questi ragazzi ricordarsi di uno sconosciuto incontrato per caso molto tempo prima. In più, nessuno di loro, ovviamente, ha visto le facce di tutti i presenti. Riescono a malapena a descrivere chi avevano davanti o dietro in fila e non c'è modo di verificare se i loro ricordi siano corretti.

Eppure, anche un elemento innocente durante il processo suonerà come un'aggravante. Nella sentenza di primo grado, l'impossibilità da parte degli studenti di ricordare Giovanni Scattone diventa la dimostrazione che Scattone in segreteria non c'era: «Tutti gli studenti, che quel giorno erano in fila per il rilascio di certificati, hanno escluso la presenza di Scattone Giovanni nella segreteria della facoltà di Lettere».[7] In realtà, non hanno escluso la presenza di Scattone, semplicemente non ricordano di averlo visto. D'altra parte è come se ci chiedessero chi c'era in fila con noi alle poste quel martedì di quasi due mesi fa. Ricorderemmo che faccia aveva quello tre posti davanti a noi? Com'era vestito? Lo riconosceremmo, se ci facessero vedere una fotografia?

Lasciata la segreteria, Scattone cammina verso l'istituto di Filosofia del diritto. Il borsista che cercava Ferraro per fargli delle domande su un esame ricorda di avergli parlato tra le 12.15 e le 12.30. Ha l'impressione di vederlo arrivare dall'entrata principale perché è in sala cataloghi e Scattone proviene da destra, in corrispondenza dell'ingresso. Parlano di logica giuridica e di un esempio di argomentazione che riguarda un possibile esercizio dell'esame.

Come abbiamo fatto per Ferraro, anche per ricostruire l'alibi di Scattone abbiamo preso per buone alcune informazioni. Per quanto riguarda il suo incontro con Lecaldano, abbiamo deciso di partire dall'aula del seminario alle 11.30, anche se i seminari che iniziavano alle 10.30 potevano durare un po' più o un po' meno di un'ora. Abbiamo fatto il percorso di Scattone partendo da Villa Mirafiori, abbiamo raggiunto la fermata del 310, abbiamo preso l'autobus e siamo scese davanti alla città universitaria. Poi abbiamo camminato fino alla facoltà di Filosofia, abbiamo salito le scale per arrivare all'istituto e siamo entrate nell'aula 6. Quanto ci abbiamo messo? Tra i quindici e i venti minuti, quindi dovevano essere tra le 11.45 e le 11.50, dai tre agli otto minuti dopo l'ora dello sparo.

VII

Memoria

«Io la mattina del 9 maggio mi trovavo al Centro di calcolo... e stavo lavorando sulla mia tesi, al computer, al computer numero 7. Quando sono uscita all'esterno, nell'anditino, all'improvviso mi sono bloccata. C'erano due persone: una era di fronte, frontalmente a me, e l'altra era di spalle, e io li ho visti in un atteggiamento un po' concitato, soprattutto quello che mi stava di fronte, gesticolava con le mani... Ho chiesto: "Cosa è successo?". Allora anche l'altro che stava di spalle si è girato verso me, mi ha guardato per alcuni attimi in faccia, m'ha guardato e l'altro mi guardava lo stesso, non ho ricevuto nessuna risposta, e hanno cominciato a correre, sono usciti dalla porta di Scienze statistiche.» È così che, al processo, Giuliana Olzai racconta la mattina del 9 maggio.

Di lei abbiamo già parlato all'inizio di questa storia, è la studentessa quarantenne fuori corso che poco dopo lo sparo esce correndo per andare a vedere cosa è accaduto. In aula, quando il pubblico ministero Lasperanza le domanda se le due persone che dice di aver visto fuggire in stato di agitazione sono presenti, Olzai risponde di sì: «Scattone lo vedo là e Ferraro sta là, che mi sta guardando...». Nella registrazione si sente in sottofondo una voce lontana dal microfono: «Io non l'ho mai vista questa signora». È la voce di Giovanni Scattone.

La prima volta che Giuliana Olzai fa questo racconto è il 9 luglio, due mesi dopo lo sparo. Per la credibilità degli imputati è un duro colpo.

Come un file

Quando abbiamo incontrato Olzai, ha insistito molto sulla sua memoria fotografica, sulla sua capacità di archiviare perfettamente i ricordi «come fossero file». Come abbiamo scritto, Olzai ancora oggi dice di ricordare benissimo com'era vestita Marta e «gli occhi, quegli occhi che guardavano il cielo, quegli occhi mi hanno sempre accompagnata». Quello sguardo, ci ha detto, non la lasciava mai, nemmeno di notte, ed è stata la ragione per cui, a un certo punto, si è decisa a parlare.

«Decisi di non dimenticare nulla di quella mattina, convinto che prima o poi avrei potuto o dovuto rispondere a qualche domanda da parte della polizia. In effetti, quel giorno ero in facoltà e avendo notato che venivano raccolte molte testimonianze, decisi di tenere a mente anche la mia.»[1] «Convinto» al maschile, perché, in quella prima intervista al giornalista Carlo Bonini, Olzai viene presentata come un uomo: «Lo chiameremo T. Perché, per ovvi motivi, ha chiesto che la sua identità, almeno per ora, resti un segreto tra sé e i magistrati della procura di Roma da cui, nelle prossime ore, si presenterà spontaneamente a deporre».

Non sappiamo perché, invece di «tenere a mente» la sua testimonianza, Olzai non abbia parlato con la polizia quello stesso giorno. Sappiamo solo che, quando decide di farlo, sono ormai passati due mesi dal 9 maggio e tre settimane dall'arresto di Scattone e Ferraro. Le televisioni e i giornali hanno mostrato molte volte le loro facce con la didascalia «gli assassini di Marta Russo». Per tutti, ormai, sono colpevoli. Sono in carcere per questo. Anche Olzai, come lei stessa ha raccontato, li riconosce proprio guardando il telegiornale di domenica 15 giugno.

Per capire bene il racconto di Olzai è necessario anzitutto descrivere i luoghi: il Centro di calcolo fa parte della facoltà di Statistica, che si trova nello stesso edificio dove c'è Filosofia del diritto, ma al piano inferiore. Nella città universitaria molti palazzi si intrecciano e condividono corridoi e scale. L'istituto di Filosofia del diritto fa parte dell'edificio di Statistica, ma è anche collegato a Giurisprudenza tramite un corridoio che sovrasta una specie di tunnel. Uno degli ingressi di Statistica fa angolo con il vialetto dove camminavano Marta e Iolanda. Le due ragazze venivano avanti lasciandosi alle spalle il tunnel e si dirigevano verso quell'ingresso.

Quando Olzai vuole scoprire cosa è successo, va verso l'uscita di Statistica che fa angolo con il vialetto, e in quel momento vede Scattone e Ferraro allontanarsi in direzione opposta. È una testimonianza molto importante per l'accusa: Ferraro infatti ha detto di non essere andato all'università quel giorno e Scattone non ha certo raccontato di essere corso via agitato poco dopo lo sparo.

Al termine dell'intervista, quel 9 luglio 1997, Bonini accompagna la donna in procura. Olzai racconta anche ai poliziotti quello che ha visto il 9 maggio e, finita la sua deposizione, i magistrati si raccomandano: nessuno deve sapere quello che ci ha detto, sono informazioni riservate, l'intera indagine potrebbe essere danneggiata se fossero rese pubbliche. Ma sono quasi le dieci di sera. Il giornale, con l'intervista a Olzai, è già andato in stampa.

La memoria è un inganno

In realtà, la memoria di Olzai non è perfetta come lei crede. Per fare solo un primo esempio: con noi Giuliana ha insistito molto su quegli «occhi chiari di Marta» che avrebbe visto quando la ragazza era a terra e che l'avrebbero «sempre accompagnata». Eppure non può averli visti, perché gli occhi di Marta sono già chiusi quando Olzai arriva sulla scena del delitto.

Non c'è nulla di strano, è molto comune fare errori simili. Per valutare l'attendibilità delle testimonianze oculari e dei ricordi dobbiamo sapere come funziona la nostra memoria. Come ci ha detto Piergiorgio Strata, neuroscienziato e professore emerito di neurofisiologia dell'università di Torino, «la memoria da sola non vale niente». Può servirci come indicazione, come suggerimento, ma non può essere di per sé una prova. Magari seguendo i ricordi di un testimone si può restringere l'area di ricerca e trovare un elemento importante per l'indagine: l'arma, un telefono che contiene delle informazioni importanti o un indumento insanguinato. Insomma, è utile solo come mezzo per scoprire una reale prova regina, «ma la memoria in quanto tale non conta assolutamente niente in nessun caso».

Strata ci ha raccontato di un famoso esperimento che descrive bene la fragilità dei nostri ricordi e la facilità di crearne di falsi. I partecipanti all'esperimento erano stati divisi in due gruppi e a ciascuno era stata mostrata una fotografia di una spiaggia affollata. Nella prima foto c'era un salvagente, nella seconda no. «Alla domanda "C'era un salvagente nella foto della spiaggia che avete guardato?" entrambi i gruppi hanno risposto di sì con la stessa frequenza.»[2] È solo un esempio di quanto sia impreciso ciò che ricordiamo, o che ci sembra di ricordare, e di quanto le nostre credenze possano condizionarlo e deformarlo, stravolgendo molti particolari o aggiungendone altri.

Nelle testimonianze oculari raccolte durante le indagini e i processi accade qualcosa di simile: giocano un ruolo l'intrinseca imprecisione della ricostruzione, l'influenza di alcuni elementi come l'emozione e la paura, e le nostre stesse credenze. Insomma il malfunzionamento è fisiologico e la nostra memoria non funziona come un file che possiamo aprire e riguardare.

Ricordare è un processo difettoso e selettivo. Ricordare i dettagli di uno specifico giorno, poi, è ancora più difficile quando le giornate si somigliano tra loro, con le lezioni, gli esami, il ricevimento e tutte le altre attività che quotidianamente si svolgono all'università.

Proprio a proposito delle testimonianze oculari, il giudice statunitense Jed Rakoff scrive che quando si chiede in aula al testimone «Riconosce la persona che ha sparato?» e il testimone risponde «Sì, è seduto lì... non dimenticherò mai la sua faccia» è un momento cruciale: gli crediamo e spesso le sue parole ci bastano per considerarlo colpevole. «Però il testimone oculare spesso si sbaglia e gli errori nelle testimonianze oculari sono la principale causa degli errori giudiziari. Per esempio, in più del 70 per cento degli oltre 360 casi che l'Innocence Project ha riesaminato, l'analisi del Dna ha dimostrato che "i colpevoli" riconosciuti dai testimoni erano innocenti.»[3]

Moltissime persone sono state condannate ingiustamente sulla base di testimonianze oculari. Gli errori non sono solo dovuti alla nostra memoria imperfetta e confabulatoria, ci sono anche le modalità dei riconoscimenti e degli interrogatori. Perfino l'atteggiamento di chi fa le domande può contribuire a far sbagliare il testimone, per esempio, quando un poliziotto, durante un confronto all'americana, «suggerisce di "guardare bene il numero tre", o quando, all'ammissione di un riconoscimento incerto, commenta: "Ottimo lavoro"».[4] Oppure se indugia troppo con il dito su una foto.

Non è ancora diffusa la consapevolezza di quanto sia inaffidabile la nostra memoria, di quanto dipenda anche da elementi che tendiamo a considerare ininfluenti, ma che «è difficile se non impossibile eliminare» sostiene Rakoff nel suo articolo. E prosegue: «La capacità di un testimone oculare di riconoscere un volto dipende dalla luce, dalla distanza, dalla prospettiva, dalla sua capacità visiva, dal tempo passato a osservare la scena e da elementi che ne distolgono l'attenzione, come una pistola. Inoltre, il ricordo di un viso visto molte ore, giorni o persino settimane prima, sbiadisce con il trascorrere del tempo».[5] Le nostre reazioni e il nostro modo di ricordare cambiano anche a seconda delle emozioni provate in quel momento, come la paura o lo spavento.

Una condanna non dovrebbe fondarsi soltanto sulle testimonianze, anche quando sono coerenti internamente, anche quando c'è una sola versione, proprio perché non sono mai la fotografia di una scena ma, appunto, una sua rielaborazione.

Basterebbe rivedere un vecchio episodio della serie «L'ora di Hitchcock» intitolato *I cinque testimoni*, per capire di cosa stiamo parlando. Dopo aver assistito a un incidente tra un'auto e una moto, cinque persone raccontano in tribunale che cosa ricordano: sono cinque versioni della stessa scena completamente diverse e spesso contraddittorie.

«*Calipari, buon'anima*»

Come abbiamo scritto, la testimonianza di Olzai è tardiva e il riconoscimento avviene guardando le foto dell'arresto. «Cosa volete che vi dica? Cos'è che mi ha impressionato? A me mi ha impressionato questo incontro, che io comunque l'ho ritenuto molto negativo. Negativo perché, queste persone, no?, non mi hanno dato nessuna risposta e poi io li ho pure seguiti, no?, convinta che mi portavano sul luogo dove era successo il fatto, perché vedendoli comunque così agitati, concitati, no?, con un fare frenetico, io ho pensato anche che loro fossero a conoscenza di... la percezione avuta è quella che fossero a conoscenza di quello che era successo.»

Olzai, come ha detto più volte allora e come ripete ancora oggi, è scioccata da questa scena. Ma perché, dopo aver visto scappare due tipi che le sembrano sospetti, e dopo essersi resa conto che qualcuno aveva sparato a Marta, non va alla polizia?

Olzai riconosce Scattone e Ferraro solo il giorno dopo il loro arresto. Quando vede i loro volti in televisione «le balza il cuore in gola». Ma allora perché passano ancora altre tre settimane prima che vada a parlare con i magistrati?

Il giorno dell'arresto, il padre di Olzai ha un ictus e viene ricoverato ad Aprilia. Basta questo a giustificare il ritardo della sua testimonianza? Possibile che non abbia avuto nemmeno il tempo di fare una telefonata alla polizia? E poi, come sappiamo, la scena risale comunque a più di un mese prima del ricovero del padre. Perché non ha parlato subito? Olzai dice di aver visto Scattone il 9 maggio insieme a Ferraro e poi di nuovo il 13 maggio da solo. Se lo ricorda ancora benissimo: «Era un bel ragazzo e mi colpirono i suoi occhi verdi».

Non sapremo mai perché abbia parlato con tanto ritardo. Ma possiamo provare a ricostruire come si sia arrivati alla sua testimonianza. Un indizio importante si ricava da quanto ci ha raccontato il procuratore Italo Ormanni: «[Olzai] mi viene, diciamo così, presentata telefonicamente da Nicola... da Nicola Calipari. Nicola all'epoca era dirigente della Criminalpol Lazio, precedentemente aveva fatto la sua carriera nella Squadra mobile eccetera, e mi dice che c'è questa signora che lui aveva conosciuto a suo tempo per ragioni di indagini, diciamo così. Che si fidava molto di lui e che gli aveva fatto 'sta telefonata per raccontargli che, quando aveva visto al telegiornale i volti di due arrestati, si era ricordata di averli visti quel famoso giorno. E perché questo era rimasto fissato nella sua mente? Perché al colpo di pistola, mentre tutti uscivano dalla sede, spaventati, incuriositi, a seconda delle pulsioni psicologiche di ciascuno che si trova in un accadimento di questo genere, questi due seguivano il senso, la corrente contraria e per cui questo le era rimasto impresso. Testimonianza assolutamente extra ordinaria. Sentì soltanto, diciamo così, l'esigenza morale di dover raccontare la sensazione che aveva avuto nel momento in cui aveva visto questi due in televisione. E la persona delle istituzioni della quale lei si fidava, per fatti pregressi, era Nicola Calipari, buon'anima, e Nicola mi chiamò per avvertirmi. E io gli dissi: "Ma siamo sicuri di questa?". E lui: "Dottore, non si preoccupi. Questa è persona assolutamente fidata"».

Ma quali sono i «fatti pregressi» per cui Olzai si fidava di Nicola Calipari?

Calipari era un famoso dirigente della polizia e agente segreto italiano, ucciso il 4 marzo 2005 nel corso di una missione in Iraq. Era lì per liberare la giornalista del «Manifesto» Giuliana Sgrena, rapita all'inizio di febbraio. I due erano insieme in macchina diretti verso l'aeroporto di Baghdad quando vengono colpiti da centinaia di proiettili sparati da soldati statunitensi. Sgrena era stata solo ferita a una spalla, Calipari era morto. Per i suoi meriti e il suo sacrificio ha poi ricevuto la medaglia d'oro al valor militare e gli è stato dedicato Forte Braschi, il campo trincerato su via della Pineta Sacchetti che è la storica sede dei servizi segreti militari italiani.

Olzai conosce Calipari a seguito di altre indagini e processi precedenti, in cui lei ha collaborato con la polizia. «Per Calipari lei era una "assolutamente fidata"» ci ha detto Ormanni.

Questa infatti non è l'unica volta in cui Giuliana Olzai ha a che fare con le forze dell'ordine. Alcuni anni prima, nel 1989, i suoi fratelli Bernardino e Diego – che erano banditi sardi – insieme ad altre sei persone avevano sequestrato l'industriale Dante Belardinelli.[6] Durante la prigionia i rapitori avevano tagliato le orecchie all'ostaggio e le avevano mandate alla famiglia.[7]

Su invito dei poliziotti, Giuliana aveva fatto un appello per la sua liberazione: «Rilascino immediatamente Belardinelli e pongano fine a questi eventi di odio e di violenza».[8] Tra i poliziotti che hanno chiesto a Giuliana di collaborare per la liberazione dell'industriale ci sono Nicola Calipari e Nicolò D'Angelo, il capo della Squadra mobile che lavora sul caso Marta Russo.

Eppure in aula, il 2 maggio 1998, Giuliana Olzai afferma di non avere alcun rapporto con la polizia o con gli inquirenti. L'avvocato Francesco Petrelli, che difende Scattone, insiste sul messaggio ai sequestratori: lo ha fatto per caso e spontaneamente? «Quello è stato un gesto mio personale» risponde Olzai. E a Petrelli, che non è per niente convinto di questa risposta, ribatte Carlo Lasperanza: «Noi non possiamo tollerare che i testi vengano intimiditi in questa maniera».

Per i giudici, Olzai è credibile e affidabile, eventuali legami con la polizia sono irrilevanti e la teste non è «costruita»: «Le modalità di acquisizione della testimonianza indicano, semmai, diffidenza e un antico risentimento verso le forze di polizia».[9]

In realtà, non sembra esserci alcuna diffidenza. Che frequentasse abitualmente la polizia, Giuliana Olzai lo ha detto anche a noi. Ci ha raccontato che suo suocero era l'autista del questore di Lecce quando lei e il marito abitavano lì, e che lui li considerava persone di famiglia. Che sempre a Lecce lei, il marito e i figli trascorrevano le estati tra il circolo e lo stabilimento balneare della polizia. Ma non c'è solo quello che Olzai ha raccontato a noi; è stato lo stesso procuratore Ormanni a smentire la versione secondo cui la testimone, diffidando della polizia e covando un antico risentimento nei confronti delle forze dell'ordine, avrebbe scelto di rivolgersi alla stampa. Ormanni infatti ci ha detto che la testimone è stata raccomandata da Nicola Calipari, cioè proprio da un poliziotto nonché agente segreto.

All'epoca del processo era bastata quella precedente collaborazione con la polizia durante il sequestro Belardinelli a far sospettare la difesa di una eccessiva confidenza tra la testimone e le forze dell'ordine. Gli avvocati avevano addirittura parlato di una «Operazione Olzai». Intendevano dire che la testimonianza era stata sollecitata dagli inquirenti. Perché in quel momento le testimonianze di Lipari e Alletto sembravano un po' traballanti e serviva qualcosa di forte per ottenere il rinvio a giudizio, cioè per portare Scattone e Ferraro a processo.

Secondo Salvatore, il racconto di Olzai è «agghiacciante e surreale». Non solo perché «Giuliana Olzai fa questa dichiarazione ben sessanta giorni dopo il fatto. Ma poi quello che conta è il tipo di descrizione completamente sbagliata: per esempio descrive me molto più alto di Giovanni ed è l'esatto contrario. Descrive me vestito in diversissimi modi. Tra parentesi, poi, con le nostre persone esibite già televisivamente come colpevoli».

C'è un'altra cosa che può sembrare solo una questione formale, ma nel diritto la forma è sostanza. Gli articoli 213 e 214 del nostro Codice di procedura penale stabiliscono quando il riconoscimento di un sospetto da parte di un testimone è valido e attendibile. Il giudice deve chiedere al testimone se ha visto il sospetto in foto o in televisione e se ci sono altre circostanze che possono influenzare e compromettere l'attendibilità del riconoscimento. Il riconoscimento deve avvenire in un confronto in cui ci siano almeno due persone somiglianti nella fisionomia e perfino nell'abbigliamento. Insomma, per avere qualche dubbio sull'attendibilità della testimonianza di Olzai non c'è bisogno di dimostrare una qualche «operazione Olzai». Basta ricordare quanto sia facile sbagliarsi se riconosciamo qualcuno con due mesi di ritardo e se lo abbiamo visto in televisione già indicato come il colpevole di un delitto.

Fiumicino

L'8 agosto Maria Chiara Lipari è all'aeroporto di Fiumicino: sta per prendere un aereo e andare in vacanza. Ma prima decide di passare dal commissariato dell'aeroporto. È in questa occasione che, per la prima volta, dice ai poliziotti che c'era anche Giovanni Scattone nell'aula 6 e che era affacciato alla finestra quando hanno sparato a Marta. Lipari non aveva mai indicato Scattone come uno dei presenti in quella stanza. Non aveva neanche mai detto che erano due le persone alla finestra. Lo fa ora, quasi due mesi dopo l'arresto di Scattone e a tre mesi da quando avrebbe visto la scena. Sia Lipari sia Olzai, due delle tre testimoni chiave di questo caso, riconoscono l'assassino soltanto quando è già stato arrestato.

Un'altra novità dell'8 agosto è il ricordo del rumore dello sparo, che fino a quel momento Lipari non aveva mai detto di aver sentito. Quando le chiedono perché non ne ha mai parlato prima, risponde: «Voglio ricordare che in quel periodo ero l'unica che stava collaborando. Dunque ne sentivo tutto il peso [...] Volevo vedere se lo dicevano altri...».[10] Ma cosa c'entrano «il peso» e il fatto di essere «l'unica» a collaborare con il rumore di uno sparo, peraltro piuttosto insolito in un ambiente universitario? Poi Lipari fa una promessa: «Se riuscirò a focalizzare altre cose le dichiarerò formalmente».

Maria Chiara Lipari prova a spiegare il suo processo mnemonico. «Via via, riflettendo e cercando di ricordare fatti di cui il 9 maggio non avevo percepito la gravità e il senso complessivo, sono arrivata a rammentare con certezza altri particolari di cui, adesso, ho un ricordo preciso e di cui vi riferisco. In primo luogo, rammento che il 9 maggio scorso, poco prima di entrare nella stanza numero 6, la sala assistenti, per telefonare a mia madre, mentre percorrevo il corridoio verso questa stanza e mi trovavo all'altezza dei bagni, ho sentito un rumore sordo, un tonfo. Lì per lì non ci ho fatto caso.»[11]

Insomma solo l'8 agosto Lipari ricorda di aver sentito il rumore di uno sparo. All'epoca dei fatti diceva di non essersi accorta che qualcuno avesse sparato a una ragazza nel vialetto sotto le finestre del suo istituto e di averlo scoperto solo una volta arrivata a casa vedendo il telegiornale. Possibile che non abbia ricollegato allora il rumore di uno sparo sentito solo poche ore prima?

Il secondo ricordo riguarda Ferraro. «Altra immagine che adesso ricordo con precisione è la figura di Salvatore Ferraro all'interno della stanza numero 6. In particolare ho focalizzato l'espressione del suo volto, che appena sono entrata era rivolto verso di me e, appena mi ha visto, si è voltato di scatto verso la finestra. Era pallido. Subito dopo che l'ho visto, è uscito dalla stanza.»

C'è poi un'altra persona che esce dalla stanza. «Ho avuto l'impressione che non uscisse solo la persona che mi ha salutato, ma due persone. Di questo ora sono certa. [...] Quando sono riuscita a ricostruire il ricordo, ho avuto l'impressione che potesse essere Scattone. [...] Voglio precisare che nei colloqui con gli investigatori avevo già fatto cenno diverse volte al ricordo di Ferraro, ma non avevo ancora questa certezza assoluta che, comunque, ho quasi subito acquistato. Tanto è vero che anche in una telefonata con mio padre, gli ho detto che ricordavo la presenza di Ferraro.»

Come abbiamo già scritto, la telefonata di cui parla Lipari è quella in cui scambia i due poliziotti con l'accento calabrese per due complici dell'assassino che la pedinano, chiama il padre e gli chiede: «Ma se fosse quel calabrese?», che è molto diverso dal dire di ricordare la presenza di Ferraro nell'aula.

Durante il processo, a quattrocentocinquanta giorni dal suo arresto, Ferraro parla di quella telefonata intercettata e di quel dubbio di Maria Chiara Lipari. «Ho dovuto resistere anche all'accusa di un'amica e collega, Maria Chiara Lipari. Io ho letto l'intercettazione; lei dice: forse potrebbe essere stato Ferraro in quanto calabrese. Io ho grande orgoglio delle mie origini, e posso assicurare che pesa anche una cosa del genere.»

Quando Lipari si ferma al commissariato di Fiumicino, poco prima di mettersi in fila al gate per partire, dice anche: «Escludo che questa mia nuova deposizione possa essere stata influenzata dalla conoscenza di nuovi particolari delle indagini acquisita dalla lettura dei mass media».

Lipari intende dire che il fatto che Scattone e Ferraro siano già in carcere per l'omicidio di Marta Russo, e che tutti i telegiornali e tutti i giornali ne parlino, non ha condizionato in alcun modo la sua memoria.

«Il cervello non sopporta il vuoto»

Per entrambi i riconoscimenti vale quello che hanno detto il neuroscienziato Strata e il giudice Rakoff a proposito della fragilità della memoria e quindi delle testimonianze oculari. Ripetiamolo: «Gli errori nelle testimonianze oculari sono la principale causa degli errori giudiziari». Nell'esempio citato dal giudice, addirittura in più del 70 per cento degli oltre 360 casi riesaminati, «"i colpevoli" riconosciuti dai testimoni erano innocenti».

Non è una novità, non è qualcosa che abbiamo scoperto in questi ultimi mesi. Nel 1981 «Quark» ha trasmesso un servizio sulla scarsa affidabilità della testimonianza oculare. Si vedeva il filmato di un'aggressione: un uomo ne accoltellava un altro. Subito dopo, ai testimoni oculari della scena venivano mostrate alcune fotografie: l'assassino poteva essere tra quei volti. Su otto testimoni, sei hanno affermato di aver riconosciuto il colpevole. Era così? Non c'è bisogno di sapere quale foto avevano scelto per rispondere alla domanda, perché era impossibile che avessero riconosciuto il colpevole: nel filmato l'aggressore era sempre di spalle. Non se ne vedeva mai il volto. Eppure, si diceva nel servizio, «sei di loro gli hanno creato un volto e si sono detti certi di identificarlo». Lo psicologo che aveva condotto l'esperimento, Robert Buckhout, sottolinea che «il testimone oculare di un crimine è fondamentalmente onesto. Cercando di essere onesto finisce per essere troppo onesto e troppo completo, più completo di quanto i suoi ricordi non gli consentano».

Perché? Perché, come ha spiegato lo psicologo forense Scott Fraser, esperto nella fallibilità della memoria, il nostro cervello non sopporta il vuoto.[12] Il fatto che i testimoni oculari spesso sbaglino ha a che fare con il funzionamento del nostro cervello, che non può tollerare l'assenza di una risposta, non è «abituato al vuoto».

Quello che ci ha colpito nell'esempio fornito da Fraser, un omicidio, è che c'erano alcuni dettagli simili a quelli del nostro caso: mancava l'arma del delitto e non c'erano altre prove oggettive, ma soltanto testimonianze oculari. E anche lì, l'uomo in prigione si era sempre detto innocente.

Abbiamo provato anche noi a fare un esperimento: abbiamo scattato una foto, l'abbiamo osservata per alcuni secondi e dopo qualche giorno abbiamo scritto su un foglio quello che ricordavamo. Quando abbiamo confrontato la fotografia e la nostra descrizione, molti particolari erano sbagliati.

È normalissimo. I nostri ricordi funzionano così. Proprio come ci aveva detto Piergiorgio Strata «la memoria riempie, mescola, confabula». Durante il processo per l'omicidio di Marta Russo, proprio a Strata è stata chiesta una consulenza sull'attendibilità dei ricordi di Lipari. Nel *Parere pro veritate* consegnato alla Corte, il neuroscienziato scrive che «il ricordare improvvisamente attraverso "lampi" è comune nella cultura della psicoanalisi. Tuttavia, tali improvvisi ricordi ricchi di particolari, come un viso con tutte le sue espressioni, è difficilmente riconciliabile con la neurofisiologia dei ricordi».[13]

Secondo la psicoanalisi, possiamo recuperare le nostre memorie – conservate da qualche parte come se fossero fotografie – e poi possiamo ricostruirle a posteriori e descriverle con accuratezza. L'esempio classico è un trauma infantile che abbiamo dimenticato e che riportiamo alla coscienza grazie a lampi, suggerimenti o libere associazioni. Quella memoria perduta e recuperata, però, non è e non può essere affidabile. Spesso è un falso ricordo, una confabulazione, un inganno. Insomma, anche con le migliori intenzioni e con tutti gli sforzi, la nostra memoria è imperfetta. È la sua natura.

Ma non è solo che la memoria è uno strumento poco affidabile. Nel nostro caso ci sono anche le versioni diverse dei testimoni, tutti giudicati attendibili. Nelle testimonianze di Lipari, Alletto e Olzai ci sono molte incoerenze e contraddizioni sia sostanziali sia rispetto ad alcuni dettagli quali vestiti, altezza, posizione.[14]

Maria Chiara Lipari e Gabriella Alletto dicono cose diverse sul numero e sulla posizione delle persone nell'aula 6. Alletto poi si confonde sia sulla pistola sia sul bossolo (Scattone si è piegato a raccogliere qualcosa: nell'ordinanza di custodia cautelare del 14 giugno c'è scritto che «Scattone ha avuto la presenza di spirito di chinarsi e raccogliere il bossolo fuoriuscito dalla pistola», e ovviamente la fonte non può essere che Alletto che però, solo pochi minuti prima, aveva detto: «Non so niente del bossolo, non ricordo, ho sbagliato»). Giuliana Olzai si confonde sull'abbigliamento di Scattone e sull'altezza dei due imputati e di Ferraro dice, sbagliando, che è più alto di Scattone di cinque centimetri.

Maria Chiara Lipari poi è un esempio perfetto di stratificazione dei ricordi. «Il ricordo continua a modificarsi in crescendo, segno evidente di un fenomeno di memoria ricostruttiva» scrive Strata nel suo *Parere pro veritate*. «Il problema centrale è come si può stabilire se un ricordo è vero o falso. La dimostrazione di una memoria falsa o vera si ottiene soltanto nei casi in cui esistono prove dirette.» Prove scientifiche e oggettive che, in questo caso, non ci sono.

Spesso è Maria Chiara Lipari stessa a parlare di «incertezza», a usare espressioni come «mi sembra di ricordare» e «ricordo con un certo grado di probabilità», o a definire i suoi ricordi «subliminali» o a parlare di «sensazioni». Anche Gabriella Alletto fa riferimento a una bizzarra procedura di recupero dei ricordi: «Ricordare piano piano quello che era dentro di me»[15] o ricordare quello che all'inizio non pensava di sapere.

Abbiamo cercato di contattare anche Maria Chiara Lipari, la più difficile da trovare. Non è sui social network, e non compare neppure in fotografie sui profili di amici e parenti, tranne un caso, che sembra la foto di una festa, un ritratto di famiglia al momento del brindisi, ma anche in quell'occasione Maria Chiara indossa un cappuccio e sembra tentare di coprirsi il volto. Non esistono sue pubblicazioni recenti, non partecipa più a eventi pubblici; è tutor presso un'università telematica, ma ovviamente non è mai presente in sede. L'abbiamo chiamata diverse volte, però non ha mai risposto al telefono.

Alletto, invece, fino a qualche mese fa lavorava ancora alla Sapienza, non più a Filosofia del diritto, ma in un altro ufficio; poco dopo la sua testimonianza del 14 giugno, quella in cui fa i nomi di Scattone e Ferraro, ha chiesto il trasferimento. Olzai l'abbiamo trovata su Facebook.

Durante il processo, e quasi un anno dopo le sue ultime dichiarazioni a Fiumicino, Lipari parla così di quell'8 agosto in cui ha fatto per la prima volta il nome di Giovanni Scattone e ha ricordato di aver sentito il rumore di uno sparo: «Il giorno dopo mi assentavo dall'Italia; per senso di responsabilità ho comunque messo a verbale cose non in forma certa, come lei potrà vedere. Il nome di Scattone non è messo in quel verbale in forma certa, così come non in forma certa l'ho ripetuto stamattina, perché ho spiegato che non ci ho posato lo sguardo. Ho verbalizzato... ho verbalizzato questa cosa anche a livello di alta probabilità; ho detto che il ricordo c'era già prima degli arresti, prima dell'arresto di Romano, cioè in corso di indagine c'era, ma non mi ero sentita neanche di farlo questo nome agli inquirenti perché non aveva il carattere della certezza».

VIII

Il delitto perfetto

Scattone e Ferraro hanno sparato a Marta per giocare al delitto perfetto. Sono peggio dei mostri del Circeo e dei mafiosi; si sentivano superuomini e hanno imitato il nazista di *Schindler's List* sparando dall'alto nel mucchio. Sono un'inquietante combinazione di Nietzsche e Heidegger, che scrivono appunti come «l'uguaglianza non è un valore, la deificazione dell'individuo è nell'azione, l'uomo è pubblico soltanto quando agisce». Sono figli di papà abituati ad avere tutto con facilità. Sempre spavaldi e strafottenti, duri dalla faccia d'angelo.

Così si parla di Scattone e Ferraro, colpevoli fin dal giorno del loro arresto. Perfino il modo in cui si vestono suona sinistro («Belli e freschi e con il nodo della cravatta impeccabile»), ma ormai non possono più nascondersi: «Se davvero han pensato di farla franca, sono stati dei pazzi. Con una filosofia del diritto molto personale. Criminale».[1] Scattone, autore materiale del delitto, è stato «armato dal diavolo» o è «Buffalo Bill». Ha «la faccia da assassino di buona famiglia» e «Questo delitto ricorda l'Hitchcock di *Delitto perfetto*».

Il 18 giugno, cioè pochi giorni dopo l'arresto, si parla della «morte data a Marta Russo da un brillante assistente di filosofia del diritto che alla fine del tiro a segno è andato a una festa tanto per tener alto il morale».[2] Non ci sono dubbi o incertezze. Se ti arrestano significa che sei colpevole. Quasi tutti sono alla ricerca del paragone più azzeccato o della definizione più precisa.

Nicolò D'Angelo ci ha raccontato di aver consigliato a Ferraro di dire la verità, che un'accusa tanto grave avrebbe potuto «significare la fine di una brillante carriera», e che la risposta era stata: «No, dottore, è l'inizio di una brillante carriera». Ricorda che entrambi gli erano sembrati freddi e preparati. E che avevano unicamente chiesto di stare in celle separate per evitare, secondo D'Angelo, di essere intercettati.

Con i responsabili finalmente arrestati, la tensione accumulata durante quelle settimane di indagini può essere sfogata. Uno degli investigatori descrive così gli imputati e l'atteggiamento ostile all'università: «Centinaia di persone perquisite: niente. Movente: zero. Proprio un buon inizio. [...] Ci mettiamo a interrogare, interrogare, interrogare. Dappertutto ci accoglie un'aria di sufficienza, un tono da padreterni come a dire: ma che vogliono 'sti sbirri all'università? Come se anche noi non fossimo laureati... I primi tempi butta proprio male e intanto la stampa ci mette in croce. Il 12 maggio nei magazzini della ditta di pulizie troviamo due proiettili inesplosi, poi saltano fuori quelle armi giocattolo modificate. Non dico che abbiamo stappato lo champagne ma eravamo proprio su di giri. È fatta. Li teniamo un po' alla corda e questi cantano come uccellini. E invece no, pista falsa, punto e a capo».[3]

È passato più di un mese da quella prima volta in cui sembrava che si fossero trovati i colpevoli. «Te lo dico io cosa sono stati questi 37 giorni in cui abbiamo dormito, di media, tre ore per notte e perso almeno due chili a testa. Sempre con la paura di toppare e la rabbia in corpo per quei sorrisetti, quelle battutine sceme, quelle facce da pesci lessi che dicevano: non ce la farete mai. [...] E quei due, Scattone e Ferraro, coi loro sorrisetti, la loro strafottenza, quell'aria da lei-non-sa-chi-sono-io che ti faceva prudere le mani.»[4]

Tutte le armi della Sapienza

Cercando l'arma del delitto, ne vengono fuori molte altre in posti dove nessuno si aspettava di trovarne: una Beretta calibro 22 a pochi passi dal luogo del delitto, nei bagni del rettorato; una Bernardelli 22 silenziata trovata a Pomezia nel maggio 1997; le armi del bibliotecario Rino Zingale, quelle di Massimo Mancini e dei dipendenti della Pul.Tra. Nessuna però è quella usata per sparare a Marta.

Ma in questo caso non manca solo l'arma, non è chiaro neppure il movente. Perché Scattone aveva una pistola all'università? Era sua o gliel'aveva data qualcuno? E per farci cosa? Per quale motivo Scattone e Ferraro hanno sparato a Marta Russo? Avevano discusso? Avevano avuto una storia andata male? C'era qualche motivo di risentimento? No, non si conoscevano nemmeno.

A queste domande non c'è risposta. Nessuno riesce a fare un'ipotesi sul movente. E allora succede qualcosa di sorprendente. In assenza di una ragione per cui Scattone e Ferraro avrebbero sparato, è proprio la mancanza di movente a diventare essa stessa il movente. Sembra un gioco di parole, in realtà è l'ipotesi del «delitto perfetto». La spiegazione che gli investigatori si danno è che non ci sia una ragione da cercare, perché si tratta di un altro tipo di delitto, quello in cui l'assassino uccide soltanto per il piacere di farlo, non avendo nessun rapporto con la vittima né alcuna ragione per assassinarla. E proprio questo è il motivo che gli consente di farla franca: per l'assenza di un legame che riconduca a lui. Chi uccide lo fa per dimostrare di essere superiore alle leggi e alla morale comune, per dimostrare di poter commettere un crimine impunemente, senza essere scoperto, per dimostrare di essere un superuomo.

Un articolo dell'«Unità» del 13 luglio si intitola *Il peso degli indizi. In assenza di un movente razionale si deduce che si è trattato di un irragionevole gioco criminale.*[5] Il giorno prima sono state depositate le motivazioni del rifiuto alla scarcerazione di Scattone e Ferraro: «L'assenza di movente, la mancanza dell'arma del delitto e gli altri elementi di "irrazionalità" che segnano l'intera vicenda non diventano – come avrebbe voluto il collegio difensivo – un elemento indiziario a discarico. Tale dunque da autorizzare se non altro la scarcerazione. Ma, al contrario, la mandata che chiude a chiave la porta del sospetto». Cioè la debolezza dell'accusa diventa un elemento a carico degli imputati.

Quando viene formulata l'ipotesi del delitto perfetto come movente dell'omicidio di Marta Russo, il caso diventa molto più interessante per tutti. Per il pubblico e quindi anche per la stampa. In quei giorni escono centinaia di pezzi e numerosi servizi televisivi su questa storia, alcuni un po' morbosi.

Avrebbero scelto Marta per giocare al delitto perfetto. *Ecco il movente, il caso ora è chiuso* è il titolo di uno dei tanti articoli: «Giovanni Scattone tenne sotto tiro Marta Russo per alcuni secondi. Avrebbe potuto centrarla alla tempia, ma dovette sembrargli troppo facile. Così le lasciò fare altri tre, quattro passi. Calmo, fermissimo, come un vero cecchino la seguì tenendola dentro il mirino. Fece fuoco quando Marta stava per sparire dietro il grande impianto dell'aria condizionata. Un tiro abbastanza complicato. In diagonale. Ma Scattone è bravo, con la pistola. Il proiettile entrò tra la nuca e l'orecchio sinistro della ragazza, spappolandole il mesencefalo».[6]

Scattone è stato arrestato da poco, ma non ha confessato di avere sparato, e non lo farà mai. Il processo inizierà mesi più tardi e giungerà all'ultimo grado di giudizio solo sei anni dopo. Da dove arriva la descrizione tanto precisa delle motivazioni e delle modalità dello sparo? «Ci è stato raccontato in questura. Gli investigatori sono sicuri che Marta fu giustiziata. Scattone, la mattina dello scorso 9 maggio, "sparò per uccidere". Perché aveva deciso, con il suo amico e collega Salvatore Ferraro, di entrare, da protagonista, "in un delitto perfetto". È con questa verità feroce che si chiude, formalmente, il caso di Marta Russo, studentessa di ventidue anni ferita mortalmente la mattina dello scorso 9 maggio in un vialetto ombreggiato dell'università La Sapienza di Roma, dove si affacciano le finestre dell'aula numero 6 di Filosofia del diritto e dove oggi ci sono fiori e letterine e poesie dedicate a un giovane, innocente bersaglio umano.»[7] Insomma, l'ipotesi è data come certa, senza nessun condizionale, basata sull'analisi di libri e di «riviste sadomaso e giornaletti horror» trovati a casa degli imputati, e sul diario di Ferraro che «ha aiutato molto gli investigatori». Non manca un dettaglio quasi comico: il delitto perfetto sarebbe stato compiuto davanti a due testimoni, Alletto e Liparota, per «aumentare il tasso di difficoltà del loro gesto, per rendere tutto più complicato ed eccitante [...] un autentico capolavoro».[8] Il delitto perfetto davanti a testimoni è un ossimoro, è come dire «un fedele adulterio». Perché minacciare un testimone non ha niente a che fare con questo «capolavoro» del crimine.

Esce anche un articolo in cui Scattone e Ferraro vengono definiti gli «Alain Delon di Filosofia del diritto». «Ferraro e Scattone erano due "cultori della materia", assistevano agli esami, avevano appena cominciato a sentire il profumo della carriera, a guadagnarsi i gradi degli uomini di legge. Non mostri di campagna, non serial killer delle rotaie, non terroristi della politica, non stupratori di lucciole, non ladri di tangenti, ma aspiranti professori che avrebbero battuto un colpo sulla grancassa del male. Per sbaglio, per caso, perché a forza di esercitarsi su filosofia del diritto vengono strane idee e stranissime tentazioni. Questa è l'accusa: avere sparato per gioco in un giorno di maggio e aver ucciso sul serio una studentessa di vent'anni, Marta Russo. Questa è l'angoscia: la morte senza firma che arriva all'università, in un giorno di sole, che buca la testa di una ragazza normale, di una generazione cresciuta senza nemici, senza voglia di cortei, senza necessità di dichiararsi.»[9]

Il paragone con il delitto del Circeo lo abbiamo citato all'inizio del capitolo. Il pezzo esce sull'«Unità» e si intitola *Gli inquirenti: «Peggio dei mostri del Circeo»*.[10] I mostri di cui parlano gli inquirenti sono Andrea Ghira, Gianni Guido e Angelo Izzo. Nel 1975 rapiscono due giovani donne di diciassette e diciannove anni, Donatella Colasanti e Rosaria Lopez. Le torturano e le stuprano per un giorno e per una notte in una villa al Circeo. Poi annegano Lopez e, pensando di aver ucciso anche Colasanti, le caricano su una 127 e guidano verso Roma. Parcheggiano e vanno a bere. Ma Colasanti è ancora viva e riesce a chiedere aiuto dal bagagliaio in cui era stata chiusa insieme al cadavere dell'amica.

Non solo «peggio dei mostri del Circeo». Scattone e Ferraro sarebbero anche peggio dei mafiosi. «Sono tanti anni che faccio questo mestiere» afferma nell'articolo uno degli inquirenti. «Ho visto mafiosi e malavitosi di ogni specie. Eppure, per assurdo, quelli hanno un loro codice. Questi due no. Sono arroganti, forti di una presunta invincibilità che non li ha fatti cedere neanche per un attimo. D'altra parte sono stati così sin dall'inizio, quando li abbiamo sentiti per la prima volta. [...] Pensavano di aver fatto tutto per bene, un delitto perfetto. Protetti dalla complicità e dall'omertà di amici e colleghi.»[11]

«Due *natural born killers* senza il rispetto per il resto del mondo» li descrive «Il Messaggero».[12] Perfino sparatori seriali. Non importa dimostrare, non importerà nemmeno smentire o correggere. È sufficiente che il sospetto e la paura si diffondano.

È il 19 giugno. I due imputati sono in carcere da pochi giorni. Il movente è incerto, evanescente. Il processo comincerà più di un anno dopo, ma molti giornalisti sembrano sicuri di alcuni particolari: Scattone e Ferraro avevano già sparato da quella finestra. Prima con pallini di plastica, poi l'inevitabile escalation in *natural born killers*.

Superuomini

In un delitto perfetto gli autori intendono spingersi «al di là del bene e del male» ed esprimere al massimo la propria «volontà di potenza». Nel film *Nodo alla gola* Alfred Hitchcock lo ha spiegato benissimo. Ci sono due personaggi che parlano tra loro, il più giovane sostiene che esistano pochi eletti cui non è richiesto di rispettare le regole alle quali invece tutti gli altri devono attenersi. «I pochi sono quegli uomini che per superiorità intellettuale e culturale si elevano al di sopra dei concetti morali tradizionali. Bene e male, giusto e ingiusto sono stati inventati per l'uomo ordinario, per l'essere primitivo che ne ha bisogno.» Il più anziano dei due ribatte: «Allora siete d'accordo con Nietzsche e la sua teoria del superuomo». Il giovane conferma, facendo sobbalzare il suo interlocutore: «E anche Hitler!».

Anche Scattone e Ferraro avrebbero ucciso per superomismo, per provare quella sensazione di essere invincibili, per un delirio di onnipotenza alimentato dalla lettura di Friedrich Nietzsche e di Martin Heidegger, per strafottenza borghese e per senso di impunità.

Sulla «Repubblica» c'è scritto che Scattone e Ferraro sono soprannominati «il gatto e la volpe», e che mentre Marta Russo «moriva adagio nuotando nel nulla del coma irreversibile con un proiettile in testa, loro, i "bravi ragazzi", ridevano con altre ragazze. [...] Assassini per gioco? [...] Un tiro al bersaglio? Una roulette russa? O cos'altro? Qualcuno ha preso la mira, quel mattino, e ha premuto il grilletto».[13]

Qualche giorno più tardi scoppia anche un litigio «filosofico» tra Bruno Romano, Lucio Colletti e Gianni Vattimo.

Colletti ha insegnato per molto tempo filosofia teoretica a Villa Mirafiori, nella stessa facoltà di Lecaldano, e nell'anno precedente al delitto è stato eletto deputato con Forza Italia. Anche Vattimo insegna filosofia, ma all'università di Torino, e ha avuto una carriera politica piuttosto eterogenea, passando dal Partito radicale a quello comunista, dai Democratici di sinistra a Italia dei valori.

Romano, tornato all'istituto dopo l'arresto, legge i giornali e s'infuria: «"Ho appreso – ha detto ieri – che i professori Colletti e Vattimo hanno segnalato un qualche legame tra il mio insegnamento di filosofia del diritto e lo sparo mortale. Il legame sarebbe da riferire alla discussione di alcune tesi di Heidegger e Lacan. Colletti e Vattimo sono gravemente privi di informazioni sul mio insegnamento, contenuto in 16 libri e centrato su Fichte e Hegel, precisamente sul concetto del diritto come relazione di riconoscimento. Il riconoscimento esclude ogni forma di violenza fisica e morale." Così il professore ha invitato Colletti e Vattimo a una discussione pubblica in facoltà ("La storia della scienza non si lascia cancellare né dalla censura né dagli sciacalli"). E ha annunciato: "Manderò loro alcune delle mie 16 opere per colmare la disinformazione"».[14]

Immediata la replica di Colletti: «Sono costernato, non ho mai detto che Heidegger possa ispirare un delitto, sono stupido ma non sono pazzo. [...] Ho solo espresso la mia meraviglia che il professor Romano tenesse i suoi corsi di filosofia del diritto alla luce di Heidegger e di Lacan. Lacan è uno psicoanalista. Heidegger è un grande filosofo, ma non mi pare che c'entri molto con la filosofia del diritto. È come se un professore di fisica facesse un corso sulla meccanica dei quanti alla luce del *Canzoniere* di Petrarca. Il dibattito? Non ho tempo da perdere, non c'è niente da dibattere. In una città universitaria con 180.000 studenti un delitto così può capitare: quando chiudi tanti topi in una gabbia, i topi impazziscono». E Vattimo: «Heidegger lo studio anch'io, so bene che non ha mai incitato all'omicidio qualcuno. Il professor Romano ha frainteso. Ho grande rispetto per il suo lavoro scientifico, ma alcuni dei suoi 16 volumi magari sono già nella biblioteca del mio dipartimento, non è il caso di scomodarsi».[15]

Un avviso di garanzia per Nietzsche

Per sostenere la tesi del delitto perfetto l'accusa usa anche dei vecchi diari e delle canzoni scritte da Salvatore Ferraro.

In aula, durante il processo, l'accusa legge alcune frasi estrapolate da quei testi, ma nessuna ha a che fare con armi o con una pistola calibro 22. L'intenzione è di dimostrare che la personalità dell'imputato e i suoi riferimenti culturali sono quelli di un perverso e, quindi, di un colpevole.

I poliziotti avevano trovato quei diari e quelle canzoni durante la perquisizione in casa di Ferraro. Avevano controllato il comodino, aperto i cassetti, guardato i titoli e gli argomenti dei libri e delle riviste posati sugli scaffali. Avevano trovato dei vecchi diari, uno con la copertina di Snoopy. Quel diario lo abbiamo trovato anche noi in un faldone impolverato nell'archivio giudiziario di Rebibbia. Nello stesso faldone c'era anche un libro, *Il piacere dell'odio* di William Hazlitt, un testo satirico e paradossale, pure questo sequestrato e interpretato alla lettera.

In quei giorni, anche la stampa sembra prendere molto sul serio l'idea che quello che scrive Ferraro sia una prova della sua colpevolezza. «Il Messaggero» titola in prima pagina: *In un diario il film del delitto*.[16] Quando ne abbiamo parlato con Ferraro, è stata forse la prima volta che ci è sembrato arrabbiato. Gli abbiamo chiesto come si era spiegato l'origine di quella teoria e perché aveva scritto certe frasi. «Delitto perfetto, Nietzsche, diari. Come nasce questa ipotesi del delitto perfetto? Gli inquirenti stanno cercando una ragione che non riescono a trovare perché non c'è, perché

Scattone e Ferraro sono innocenti, e non c'è. Sui diari c'erano canzoni, sogni, ma addirittura passi del Vangelo. Quindi quei sogni diventavano i sogni di una mente disturbata, le canzoni erano canzoni... Uno è libero di scrivere le canzoni che vuole e, povero san Paolo, i suoi passaggi evidentemente vengono considerati criminali da un pubblico ministero; e anche povero Nietzsche, diciamo. Che significa? Che significa?»

Il quotidiano «la Repubblica», alcuni giorni dopo l'arresto, scrive: «Poesie dal contenuto allusivo, e forse rivelatore, simili a una confessione, trovate in casa di Salvatore Ferraro, detto Sasà. [...] E c'è una sua filastrocca di 11 righe, entro cui Salvatore traccia il profilo di una scaletta che evidenzia 11 lettere che si ricompongono nell'acrostico: STO MENTENDO».[17]

Quando abbiamo parlato con Guglielmo Muntoni, il giudice per le indagini preliminari ricordava bene i libri, i diari e tutto quello che era stato trovato a casa di Scattone e di Ferraro: «Non vanno dimenticati i diari di Ferraro e Scattone. Il tutto con una capacità di nascondere e di mostrare indifferenza a quanto era successo da parte dei due principali imputati, soprattutto da parte di Ferraro, che era agghiacciante. Fermo restando che c'è una piena corrispondenza con un passaggio nel diario di Ferraro, nei suoi sogni – precedenti al fatto ovviamente – in cui lui sogna, scrive di sognare di essere una creatura con poteri particolari, al di là della vita e della morte».

L'ipotesi del delitto perfetto è forse la più frustrante per la difesa, perché l'assenza di movente che diventa il movente è impossibile da confutare, come un dogma, come un comandamento divino. La sentenza di primo grado descrive così la teoria dell'accusa: «Scattone e Ferraro decisero freddamente di provare a loro stessi che era possibile uccidere senza essere scoperti, nel momento in cui nessun movente potesse collegare l'assassino alla vittima».

L'accusa di aver pianificato e realizzato il delitto perfetto non riguarda soltanto Scattone e Ferraro, ma viene estesa anche all'istituto di Filosofia del diritto. Muntoni ci ha detto che era un «ambiente particolare», legato all'Opus Dei. Lasperanza ha addirittura ipotizzato che i due imputati non avessero mai confessato perché in quell'omicidio erano coinvolte persone più importanti di loro – professori o direttori – e volevano proteggerle.

Per sostenere questa tesi, durante l'udienza del 25 maggio 1999 il pubblico ministero Italo Ormanni apre un libro di Romano, *Soggetto, libertà e diritto nel pensiero contemporaneo*, e ne legge alcune frasi: «Questi appare come il profeta della liberazione dell'uomo contemporaneo», «l'uomo è ora detto libero se si è liberato dalle cosiddette esigenze morali», e ancora «le opposizioni radicali di bene e male, di giusto e ingiusto, tendono a stemperarsi». L'intento è di suggerire l'indifferenza verso la morale e la giustizia da parte di Romano come un ulteriore elemento che dimostri la sua complicità con gli assassini. «Si capisce ancora di più, secondo me, tutto ciò che l'imputato Romano ha messo in opera successivamente. Doveva difendere la personificazione fisica di quelle che erano le teorie da lui illustrate» spiega Ormanni.

Peccato però che quelle frasi non fossero state scritte dal direttore di Filosofia del diritto, ma fossero una citazione di Nietzsche. Giulia Bongiorno, che in questo processo difende Bruno Romano, chiede: «Se assolveremo Romano, emetteremo un avviso di garanzia per Nietzsche?».

«Ma io dove ti ho visto?»

Due settimane dopo l'arresto, Ferraro smette di mangiare per nove giorni. Flavio, un suo amico, si incatena davanti a Regina Coeli. Gli amici dell'Eur, il quartiere romano dove vive Scattone, scrivono una lettera: «Lo hanno definito "compagno di merende", col significato agghiacciante che tutti conosciamo, noi che di merende, pranzi e cene con Giovanni ne abbiamo fatti davvero tanti. In mancanza di un movente plausibile lo hanno addirittura paragonato all'ufficiale nazista di *Schindler's List*, che spara per gioco. Lo hanno definito come "uno col vizietto delle donne", "un donnaiolo", come se gradire la compagnia delle ragazze fosse davvero un fatto negativo. Non si possono cancellare ventinove anni di equilibrio, mitezza, modestia, gentilezza, simpatia».

Per chi non lo ricordasse, «compagni di merende» è l'espressione usata durante il processo Pacciani da Mario Vanni, condannato per cinque degli otto duplici omicidi compiuti nella provincia di Firenze tra il 1968 e il 1985.

Secondo Ferraro, oltre ai diari, anche i dettagli più insignificanti del suo comportamento sono stati travisati: «L'altra questione, che mi sembra troppo idiota da dire, ma ha pesato: il fatto che fossimo di Giurisprudenza, giuro che mi pesa dirlo, e "senza la barba". Le facce glabre, che in qualche modo non possono fare simpatia, sono di ragazzi viziati, in qualche modo. Anche se io penso, e non è una teoria mia, che nel momento in cui ti viene dato un delitto, tu hai una faccia tranquilla, ma se sei accusato di aver avvelenato un ragazzo, stai sicura che ci assomigli a un'avvelenatrice, così se tu devi piazzare una bomba guarda che sei perfetta. Cioè, nel momento in cui il tuo volto viene dato in pasto con quell'unica didascalia, il viso è assolutamente... ma proprio internamente, non superficialmente... viene riportato a quella qualifica».

Nel nostro caso, secondo il testimone Luca, c'era poi l'ossessione di dover trovare un colpevole il prima possibile: «C'è stato a un certo punto un momento in cui sui giornali si leggeva che gli investigatori brancolavano nel buio, che dovevano però a tutti i costi trovare un colpevole, l'opinione pubblica scatenata... c'è stato un momento che... in cui la sensazione che c'era, non dico un *'ndo cojo cojo*, come si dice a Roma, ma una cosa che, più o meno, "mo da un momento all'altro qualcuno lo mettono in mezzo", c'era. Tanto è vero che io stesso pensai: "Grazie al cielo che fino a mezzogiorno nella stanza famosa degli... della biblioteca dove stavo io, c'era anche una studentessa". C'era questa situazione della serie "Be', adesso qualcuno però lo devono arrestare, perché si deve trovare il colpevole", perché è obbligatorio, perché c'era via Poma irrisolto...».

Sono stati gli stessi magistrati e i poliziotti a raccontarci che avevano preso questo caso come una missione. Il pubblico ministero Carlo Lasperanza ci ha detto che non potevano permettersi di dire alla famiglia: «Guardi, io non lo so chi ha ucciso sua figlia, che lei ha mandato all'università. Non l'ha mandata in guerra, l'ha mandata in università. E io dissi dall'inizio: ci rimetto la carriera, ma io a queste persone gli devo dire chi e perché la figlia è morta. Mentre io ne ho fatto una battaglia di vita, mettendoci a repentaglio la mia carriera; il mio impegno è stato massimo e poi può essere giudicato da chiunque come un... come... che ho fatto condannare degli innocenti, che ho fatto... però non mi interessa, cioè io quello che ho fatto è che ho adempiuto al mio dovere di magistrato ma, soprattutto, ho dato una risposta a dei genitori che hanno visto una figlia di vent'anni morire all'università per un gioco».

Nicolò D'Angelo ci ha confermato che, nonostante fosse una situazione estremamente difficile dal punto di vista tecnico, nessuno avrebbe desistito: «Ci impiegheremo un anno, anche se dobbiamo smontare l'università pezzo per pezzo, mattonella per mattonella lo faremo, ma non mollammo. E su questo eravamo tutti d'accordo che non si sarebbe mollato nemmeno di un millimetro. Saremmo andati avanti comunque sempre. Alla fine una traccia da qualche parte esce. Bisogna cercarla, l'abbiamo trovata!».

Eppure, gli inquirenti sbagliano. La sentenza di condanna non crede all'ipotesi del delitto perfetto e sostiene che Scattone e Ferraro non hanno commesso un omicidio per superomismo: hanno ucciso per errore. Forse l'uno stava mostrando l'arma all'altro e gli è partito un colpo.

Significa che i diari di Ferraro non vanno interpretati come quelli di una mente perversa e che Scattone non è Buffalo Bill. Anche se ormai, per un anno e mezzo, sono stati raccontati così.

Quando abbiamo incontrato Salvatore Ferraro, ci ha detto che ancora oggi, a ventitré anni di distanza, gli capita di essere riconosciuto: «È stata una vicenda di punta del mondo televisivo. Dal mio punto di vista è veramente la follia totale, ma quando dico "la follia" è perché le tipologie di comportamenti nei miei confronti sono di diversissimo tipo che quasi mi vergogno a dirlo. Le persone inneggiavano a me e io speravo che fossero sostenitori in senso sostanziale della mia posizione; andavo lì, e invece la gente mi voleva conoscere solo perché mi aveva visto in televisione. Capitava spesso che un locale disadorno e spoglio, nel momento in cui mi sedevo, all'improvviso si riempisse di clienti e il proprietario mi dicesse "Vieni più spesso qua, perché è la prima volta che ho tutta questa gente". Ovviamente sono gli effetti collaterali della vicenda televisiva. Poi c'era chi era colpevolista. Capivi, capivi dal tipo di sguardo, capivi anche dai gesti, dal braccetto che faceva all'amico o all'amica. Essendo un ricordo un po' sbiadito, del mio volto è rimasto un rimasuglio, il che ha peggiorato pure la situazione».

Molte persone ancora lo fermano per strada e gli chiedono quando ricomincia la sua trasmissione televisiva oppure dove si sono conosciuti, perché sono sicuri di averlo già visto: «Sinceramente, da essere umano normale quale sono, non so che fare, perché da una parte non ti vuoi nascondere, dall'altra capisci comunque la perversione della situazione. Però ecco, questo succede. Perché una volta mi riconoscevano e quindi ognuno interpretava a proprio modo quell'incontro, ora invece: "Ah scusa, ti posso chiedere una cosa? Ma io ti conosco, dimmi perché! Dove ci siamo visti?". Dopo vent'anni comunque... ma ti parlo di quantità significative di persone che dicono: "Ma io dove ti ho visto?". Quindi immaginate... e parliamo ora di un cinquantaduenne prossimo ai cinquantatré anni che ha anche la barba, che è cambiato, invecchiato... che cosa terrificante».

IX

Particelle

Se si esclude l'ipotesi del delitto perfetto, rimane oscuro il motivo per cui Scattone ha sparato a Marta Russo. Non sappiamo nemmeno cosa ci facesse con una pistola in mano, da dove venisse quella calibro 22, a chi appartenesse e che fine abbia fatto. E forse non lo sapremo mai. Rimaniamo di nuovo senza movente, e ancora senza un'arma.

Cosa resta perciò oltre alle testimonianze oculari? Un granello di polvere da sparo sul davanzale dell'aula 6. La particella che la perizia di Giacomo Falso indica come residuo di uno sparo e da cui tutto è cominciato: l'aula assistenti, il telefono che porta a Maria Chiara Lipari, la dottoranda che dopo varie versioni fa il nome di Gabriella Alletto, la segretaria che dice di aver visto Giovanni Scattone sparare e Salvatore Ferraro mettersi le mani nei capelli, prima e unica testimone di un fatto penalmente rilevante.

È per quella particella minuscola che Scattone e Ferraro vengono arrestati e che il tribunale del riesame, due settimane dopo, rifiuta la loro richiesta di scarcerazione. «Il tribunale, in altri termini, respinge le obiezioni della difesa non solo sul piano sostanziale, ma anche formale, sostenendo, per esempio, che "non può dubitarsi" che il colpo che uccise Marta Russo partì dalla finestra dell'aula 6 di Filosofia del diritto.»[1]

Come può essere giusto il finale di questa storia, se è sbagliato l'inizio?

Gunshot residue

La fragilità dell'accusa è evidente fin dal processo di primo grado. Il colpo iniziale a quell'impalcatura viene inferto dalla testimonianza dei periti scelti dalla Corte. «La sorte di un processo si conosce solo al momento della sentenza. Ma ci sono a volte dei momenti, delle udienze che danno l'impressione di aver fatto pendere la bilancia da una sola parte. [... come] con la relazione dei tre periti nominati dalla Corte, che praticamente si sovrappone a quelle della difesa e allontana dagli imputati il sospetto "tecnico" che possano essere stati loro a sparare. All'accusa rimangono solo le due testimoni chiave, Gabriella Alletto e Maria Chiara Lipari. Basteranno per emettere un verdetto di condanna?»[2] Conosciamo la risposta.

Ascoltando i periti diventa ancora più difficile comprendere come si sia arrivati alla sentenza di colpevolezza. In udienza il primo a parlare è Carlo Torre, professore di medicina legale all'università di Torino: «Sul campione relativo alla finestra munita di condizionatore della nota aula 6 non sono state rinvenute particelle univoche dello sparo, bensì soltanto due particelle classificabili al più come compatibili. Analoghe particelle risultano distribuite sugli edifici circostanti il luogo teatro del fatto. [...] Di fronte a prelievi tutti negativi e omogenei, non disponiamo ovviamente di alcun elemento che ci possa suggerire da dove il colpo possa essere stato esploso».

Carlo Torre sostiene che non si sa da dove sia venuto lo sparo e che le conclusioni della perizia che ha portato all'aula 6 sono sbagliate. Torre è un perito della Corte, quindi *super partes*, non è stato scelto dalla difesa. Spiega che la particella non è univoca, cioè potrebbe sì essere il residuo di un'esplosione d'arma da fuoco, ma potrebbe anche provenire dalle pastiglie dei freni di una vettura. La pallottola che ha ucciso Marta, poi, non mostra tracce di antimonio, elemento contenuto invece nel residuo sul davanzale: «Gli elementi a disposizione indicano che il colpo che causò la morte di Marta Russo fu esploso da cartuccia Eley a innesco non tradizionale, privo di antimonio».

Com'è possibile che due perizie dicano due cose in contraddizione tra loro? E chi ha ragione?

Per cercare di rispondere abbiamo parlato con alcuni esperti, ai quali abbiamo chiesto che caratteristiche debbano avere le particelle per essere considerate sicuramente residui di sparo. Luciano Garofano, presidente dell'Accademia italiana di scienze forensi e per molti anni il comandante dei Ris di Parma, il Reparto investigazioni scientifiche dell'Arma dei carabinieri, ci ha spiegato che per poter dire con certezza che qualcuno ha sparato non basta trovare alcune particelle e identificarne la composizione, servono altri elementi. «Se devo oggi, con le conoscenze di oggi, dare un parere su quello che poteva essere il peso delle particelle trovate nel caso di Marta Russo, non gli darei alcuna valenza probatoria. Intanto si trattava di una particella di bario-antimonio, e le particelle di bario-antimonio abbiamo visto che sono quelle più comunemente confondibili con le particelle che provengono dalle autovetture. Soprattutto in un contesto come quello, un davanzale come quello, esposto naturalmente agli scarichi e a quant'altro.»

Secondo Garofano cose del genere accadono spesso, con conseguenze drammatiche. «Credo che purtroppo tanta gente sia andata in galera, o sia stata accusata ingiustamente, perché si dava troppa importanza o troppa affidabilità a degli aspetti scientifici che poi, nel tempo, si sono dimostrati, come sovente accade nella scienza, suscettibili di una revisione. Forse l'errore, la pecca è stata proprio quella di essere meno cauti.»

Sul perché la polizia scientifica abbia commesso quell'errore si possono fare solo delle ipotesi. «La stessa polizia scientifica che, ingiustamente, viene talvolta denigrata dai malevoli perché, pur tra molti successi, una volta stabilì che una mano mozzata, ritrovata dentro un divano, era stata certamente recisa dal braccio di una giovane signora: si seppe dopo che apparteneva invece al corpo di un vecchio» aveva scritto Francesco Merlo poche ore dopo l'arresto di Scattone e Ferraro.[3] Per fortuna poi è intervenuto il Sisde, che in questo caso, continua Merlo, «non è sinonimo di ambiguità e di deviazione, ma al contrario di rigorosa scienza autorevolmente applicata alle indagini». Nel suo pezzo il giornalista si augura, consapevole di quanto possa sembrare pazzesco, che Scattone e Ferraro siano colpevoli perché «sarebbe davvero terribile se la morte di Marta Russo diventasse [...] un simbolo della morte della Giustizia». In quei giorni sono in pochi a fare domande, a non ritenere gli imputati già colpevoli e a considerare le ipotesi dell'accusa, appunto, delle ipotesi.

Riguardo al davanzale dell'aula 6, anche Massimo Mancini, il primo sospetto indicato da Lipari, ci ha detto una cosa importante. Il 14 maggio 1997, cinque giorni dopo il delitto, è all'università per tenere un seminario proprio nell'aula assistenti. Quella mattina si è appena diffusa la notizia che Marta Russo è morta in ospedale, lungo i vialetti della città universitaria si forma un corteo spontaneo in sua memoria. Al momento del passaggio, gli studenti che sono a lezione da Mancini si affacciano, alcuni proprio dal davanzale dove, secondo la perizia, c'è della polvere da sparo. Quel giorno i rilievi non sono ancora stati fatti, la polizia scientifica quella particella la troverà solo il giorno successivo, il 15 maggio, quando per la prima volta esegue un sopralluogo nella stanza. Qualcuno dei ragazzi che si sono affacciati per guardare il corteo potrebbe aver, involontariamente, inquinato la scena del crimine.

«Mi ricordo il dettaglio che il giorno della morte io avevo il seminario nell'aula 6 e ce lo avevo pieno di studenti. Tra le cose che avevo detto agli inquirenti, sia polizia che magistrati, c'era che ero certo che uno degli studenti era persona che faceva professionalmente uso di armi: non mi ricordo se era un militare della guardia di finanza o di qualche corpo armato dello Stato, e quindi dissi che, ovviamente, essendosi affacciato alla finestra... Sono certo che fosse presente perché prendevo nota della cosa e gli facevo la giustificazione dato che, avendo un altro lavoro, doveva giustificare la sua assenza il giorno che veniva al seminario. Deve essere agli atti che ho consegnato agli inquirenti l'elenco dei frequentanti.» Mancini è metodico e segna i nomi di tutti gli studenti che frequentano i suoi corsi. Per questo può dire con certezza che uno di loro era un militare.

Una persona con addosso particelle di polvere da sparo potrebbe essersi affacciata dalle finestre dell'aula 6 dopo il ferimento di Marta, ma prima che venissero fatti i rilievi della Scientifica e di conseguenza che venisse scritta la famosa perizia. Come ci ha detto Mancini, gli inquirenti non si sono soffermati sul rischio di inquinamento ambientale, cioè sulla possibilità che un granello di polvere da sparo si sia trasferito dai vestiti di un militare alla tenda di una finestra o a un davanzale in un ambiente oggetto di indagine, che però non era stato sigillato.

«La scena del crimine è in un'università. Quindi centinaia e centinaia di ragazzi erano tutt'intorno. L'isolamento dell'area è diventato subito molto difficile perché i curiosi erano tanti e nessuno voleva allontanarsi. Tutti i ragazzi avevano già calpestato quell'area. Le indagini furono svolte abbastanza approssimativamente nell'immediatezza. Però oggi noi sappiamo che l'immediatezza è quella che salva l'indagine»: il rischio di inquinamento ambientale è la prima cosa di cui ci ha parlato anche Martino Farneti.

Farneti è un esperto balistico e nel 1997, come dirigente della sezione Indagini balistiche per la Direzione centrale della polizia criminale, partecipa alle indagini sull'omicidio Marta Russo. Lo abbiamo incontrato nel suo Centro di balistica forense ad Aprilia. Ci ha spiegato che l'ambiguità non riguarda solo la composizione di quella particella sul davanzale, ma anche il fatto che, se lì si fosse sparato, si sarebbero dovute trovare moltissime particelle e non soltanto una o due.

La borsa di Ferraro

Il residuo sul davanzale dell'aula 6 non è l'unico di cui l'accusa parla in aula. Durante le indagini è stata trovata una particella di polvere da sparo anche su una borsa di Salvatore Ferraro, la ventiquattrore che usa per l'università e con cui, sempre secondo l'accusa, ha portato via l'arma dall'aula 6. Questa particella sembra essere esclusiva: è composta da piombo, bario e antimonio. Durante il processo il procuratore Italo Ormanni collega la particella trovata nell'aula 6 a quella sulla borsa: «La particella binaria bario e antimonio è attribuibile in maniera esclusiva a residui di sparo. E la stessa particella, guarda che combinazione, è stata trovata sul davanzale dell'aula 6 e sulla borsa dell'imputato Ferraro». In realtà, la particella sul davanzale è composta solo da bario e antimonio. Non ha affatto la stessa composizione di quella trovata sulla borsa di Ferraro, che contiene anche piombo.

Quando abbiamo incontrato Ormanni gli abbiamo chiesto quale era stato, secondo lui, l'elemento più forte portato dall'accusa in questo processo, e lui ha menzionato proprio quelle particelle: «Le particelle di piombo, bario e antimonio nella borsa di Ferraro... È un'università, non è un poligono di tiro, e un assistente universitario non è un tiratore scelto». Ormanni è convinto che si tratti di una prova regina, tanto che al processo, subito dopo averla illustrata, dice: «È come se Marta Russo vi stesse dicendo stamattina: "Lo sparo è venuto dalle mie spalle, indietro, in alto, rispetto alla mia testa!"». Se la stessa particella è stata trovata sia sul davanzale dell'aula dove sono stati visti i due imputati all'ora del delitto, sia sulla borsa di uno dei due, e «se due più due fa quattro in aritmetica, due più due fa quattro anche in logica, e due più due fa quattro anche in un processo. Perché due più due fa sempre quattro» conclude il procuratore.

Ma, anche qui, è sbagliata la premessa: perché la particella sulla borsa e quella sul davanzale non sono identiche. L'analisi del perito della Corte Carlo Torre è infatti molto diversa: «È stata individuata sulla superficie esterna inferiore una particella classificabile come univoca dello sparo». Quindi, la particella sulla borsa è ternaria e univoca dello sparo, mentre quella sul davanzale è binaria e non univoca. Inoltre, la prima è stata esplosa da un innesco tradizionale, mentre la seconda con uno sparo di cartuccia Eley, che non contiene antimonio.

La borsa di Ferraro viene sequestrata la notte tra il 14 e il 15 giugno, poche ore dopo il suo arresto. Quando i poliziotti vanno a casa sua, per eseguire la perquisizione hanno bisogno di un testimone e chiamano un vicino di casa, Giampiero Pellegrini. Da noi interpellato per chiedergli di quella notte, Pellegrini ci ha raccontato che verso le undici di sera due poliziotti hanno suonato alla sua porta e lo hanno accompagnato a casa di Ferraro, al piano superiore: «Ho visto che questi trafficavano dentro 'sta borsa, sempre senza guanti. Io mi ricordavo benissimo che questi signori avevano preso la borsa... perché c'erano due borse e un computer, il portatile mi pare. So' passati vent'anni eh, però queste cose me le ricordo abbastanza nitidamente e quindi mi ricordavo benissimo che avevano toccato le borse senza guanti».

Eseguire una perquisizione senza guanti significa inquinare inevitabilmente la scena.

Ovviamente, anche il tempo è un fattore fondamentale e il suo passare è inversamente proporzionale all'attendibilità dei risultati, soprattutto se la scena del crimine non viene isolata.

Quanto alle superfici esterne, si devono considerare anche le condizioni meteorologiche. E questa non è una scoperta recente né un'informazione segreta. Sono passati molti giorni tra lo sparo e i rilievi – ciò vale sia per il davanzale sia per le borse di Ferraro – e c'è il rischio che qualche particella sia stata lasciata da chi faceva i sopralluoghi e le indagini, cioè dai poliziotti.

Lo ribadisce anche Carlo Torre: «Secondo scopo è valutare se esistano elementi tecnici, sempre in relazione allo studio delle tracce, che indichino il coinvolgimento degli imputati in quello sparo. Anche qui dobbiamo concludere che i risultati delle indagini svolte conducono a una risposta negativa: fra tutti i prelievi eseguiti su indumenti e borse, è stata rinvenuta soltanto una particella classificabile come esclusiva dello sparo, ed essa è stata individuata su una superficie esposta a facili inquinamenti, quella esterna inferiore di una borsa. Non crediamo che la sua presenza possa modificare il nostro complessivo giudizio sui risultati nell'insieme. Va poi considerato, oltre alla sede in cui la particella fu rinvenuta, il lungo tempo – oltre un mese – trascorso tra lo sparo e il prelievo, tempo nel corso del quale, tra l'altro, non ci risulta esistano informazioni sulle vicissitudini subite dalla borsa. Sarebbe comunque arbitrario, in queste condizioni, attribuire la presenza di una particella di sparo sulla superficie esterna inferiore di una borsa a un fatto avvenuto oltre un mese prima del sequestro dell'oggetto».

Torre dice che sono state rinvenute particelle compatibili con uno sparo su alcuni indumenti degli imputati, ma non è detto che si siano depositate dopo uno sparo. L'unica particella esclusiva è quella sulla borsa di Ferraro, composta da piombo, bario e antimonio. Però neppure quella può avere a che fare con il colpo che ha ucciso Marta, perché si tratta di due residui di tipo diverso. Secondo Torre, quindi, sul davanzale dell'aula 6 non c'è sicuramente polvere da sparo, mentre l'unica particella che è per certo un residuo di sparo, quella sulla borsa, non corrisponde al tipo di innesco utilizzato per esplodere la pallottola che ha ucciso Marta.

Non solo. Per quanto concerne il residuo sulla borsa di Ferraro, il capo della Mobile Nicolò D'Angelo ci ha raccontato un altro particolare interessante. «Abbiamo pensato... per evitare un domani nei processi il problema delle perizie, che sono sicuramente sempre terreno di scontro... dovevamo escludere eventuali inquinamenti ambientali; perché le dico questo, e le spiego: se lei spara con una pistola, se spara con un proiettile diciamo da poligono... un proiettile di uso comune, un 765, non un calibro da guerra, cioè, per spiegarle meglio: le forze di polizia hanno in dotazione delle armi da guerra, le famose Beretta calibro 92 eccetera. Sono proiettili "blindati", con ogiva blindata. Quel proiettile... quando si spara un proiettile del genere si lascia una traccia: è una molecola trinaria cioè piombo, bario e antimonio tutt'e tre insieme. Se lei trova una traccia da sparo bario e antimonio, significa che è un 765, che non è un'arma da guerra, ma un'arma di uso comune.»

D'Angelo ci sta quindi dicendo: le particelle piombo-bario-antimonio – come l'unica particella trovata sulla borsa di Ferraro – le lasciano le armi delle forze dell'ordine, le armi da guerra. Non le armi comuni come quella usata per sparare a Marta.

VHS

Durante il processo di primo grado c'è un altro momento in cui sembra che la valanga messa in moto dal ritrovamento della particella possa arrestarsi: è quando viene reso pubblico l'interrogatorio di Gabriella Alletto registrato dalla telecamera che i servizi segreti hanno prestato agli inquirenti. Si tratta dell'interrogatorio in cui le dicono: «La prenderemo per omicida!» e in cui lei piange e giura sui figli di non essere entrata nell'aula 6, quello dell'11 giugno, tre giorni prima che la segretaria cambiasse versione.

La diffusione della videoregistrazione segna un prima e un dopo. L'effetto mediatico è enorme, così come quello politico: interrogazioni parlamentari e richieste al ministro della Giustizia si susseguono, fino alla condanna dei metodi degli inquirenti fatta in parlamento dal presidente del Consiglio Romano Prodi.

Tuttavia, il VHS non viene ammesso al processo e quindi ai giudici viene chiesto di ignorare i metodi con cui è stato condotto l'interrogatorio. Molto rumore, ma nessun effetto reale.

Anche a rivederlo oggi, indipendentemente dal caso specifico, quel video fa molta impressione. Ormai da anni siamo abituati ad ascoltare la voce intercettata degli imputati, degli indagati, dei loro amici, figli, amanti, dei loro capi e dei loro sottoposti; ma non ci capita mai di ascoltare la voce di chi le indagini le conduce, di avere accesso ai metodi di poliziotti e magistrati. Per la prima volta qui ascoltiamo integralmente le domande, assistiamo a ciò che accade e vediamo l'atteggiamento dei procuratori durante un interrogatorio.

La prima questione riguarda l'efficacia delle minacce e dei maltrattamenti. La seconda, più generale, riguarda i limiti che i pubblici ministeri dovrebbero rispettare. Giuseppe D'Avanzo, in un articolo del 12 febbraio 1999, parla di inquisizione e scrive delle reazioni del procuratore Lasperanza alle critiche: «Ora che l'intero castello di carte è venuto giù come se fosse, appunto, di carta, esagera in sarcasmo. Dice: "Certo, abbiamo minacciato tutti. La Lipari, la Alletto, adesso Liparota e non scordiamoci della Olzai e della madre di Liparota. Abbiamo preso tutti questi testimoni e li abbiamo costretti con sberle e ceffoni a dire un mare di bugie". Come un poliziotto, Carlo Lasperanza non si rende conto dell'effetto devastante della macchina inquisitoria che ha messo in moto, della violenza dei suoi ingranaggi, del terrore che può provocare quel continuo agitare fantasmi di ipotetiche responsabilità». Ma c'è forse qualcosa di ancora più grave: «E quel che è peggio (se è possibile che ci sia ancora un peggio), Carlo Lasperanza non si rende conto di aver irrimediabilmente distrutto la possibilità di dare un volto agli assassini di Marta».[4]

È curiosa l'interpretazione che di quel video darà invece la Corte d'Assise. Anche secondo la sentenza di primo grado, infatti, il VHS ha avuto un ruolo importante. Ma quale? «La visione dell'intero documento dimostra la tenace volontà di Gabriella Alletto di mentire a tutti i costi, ricorrendo a qualunque argomento pur di non ammettere la propria presenza all'interno della sala assistenti nel momento del delitto [...] e il tenace sforzo degli inquirenti per indurre la donna a recedere dalla sua insostenibile posizione.»[5]

Un esercizio di logica

Uno degli aspetti più complicati di ogni processo è il difficile rapporto tra il linguaggio della legge e quello della scienza. Le scienze forensi sono ovviamente un tassello fondamentale ed è dall'esame autoptico fino agli accertamenti balistici che vengono, o dovrebbero venire, gli elementi meno fragili e soggettivi, le prove. Eppure, è a cominciare dal linguaggio proprio dei due mondi che iniziano le difficoltà. Perché la legge è costruita su un lessico discreto (colpevole o non colpevole, presente o assente, sì o no), mentre la scienza ha spesso un lessico probabilistico e ipotetico. La scienza ha in realtà lo stesso modo di procedere del metodo investigativo classico, tipico forse più dei gialli tradizionali che della realtà: l'abduzione. L'investigatore si comporta come fa il medico, cerca cioè di dare un significato e un contesto ad alcuni segni – gli indizi in un caso, i sintomi nell'altro – per individuare il colpevole o la malattia.

Il metodo, in entrambi i casi, è a garanzia dei risultati e ogni passaggio inferenziale deve essere corretto se si vuole camminare su una strada, di cui si conoscono i pericoli e i tranelli, cercando di arrivare in fondo, cioè a una conclusione che non sia casuale e probabilmente sbagliata. A questo servono la logica e l'argomentazione giuridica, considerate spesso un esercizio difficile e un po' inutile dagli stessi professori. Quando in aula si parla di un esercizio di logica (se Rossi è malato o Bianchi è via, l'accordo Argus non verrà stipulato a meno che) si sente qualcuno ridere e poi dire: «Io sarei stato bocciato a quest'esame, indubbiamente». E non è lo stenografo, non è un giudice popolare, ma è il giudice a latere, quello che scriverà la sentenza. In questo caso l'incomprensione tra scienza e diritto sembra assoluta.

Il consulente della difesa di Scattone insiste sulla non univocità del residuo trovato nell'aula 6: sono anni ormai che si discute e si litiga sulla classificazione e sull'aspetto solo indicativo delle particelle binarie. E il rischio di inquinamento innocente, cioè involontario, è molto alto: i prelievi sono facilmente contaminati da chi li esegue. Proprio in considerazione di questi disaccordi, la Corte dispone una perizia collegiale medico-legale e balistica. I quesiti posti al collegio peritale sono quattro e riguardano: le caratteristiche dell'arma e delle munizioni; la traiettoria e il luogo di provenienza dello sparo; gli altri residui di sparo sui vestiti e sulle borse sequestrati e l'eventuale riscontro con quelli rinvenuti sul corpo e altrove; il rischio di inquinamento ambientale e il valore dei residui (se esclusivi o indicativi).

Cerchiamo di sintetizzare alcune delle conclusioni dei periti e l'interpretazione dei giudici. La traiettoria può essere solo ipotetica perché quando la posizione del bersaglio è incerta, come lo era quella della testa di Marta, non si può ricostruire l'origine dello sparo. Inoltre, la vittima è stata soccorsa e il suo corpo spostato, e ciò costituisce un ulteriore impedimento alla ricostruzione del punto di impatto.

La natura della particella è forse il quesito più importante, considerando che ha messo in moto una serie di conseguenze e di conclusioni dalle quali è stato impossibile tornare indietro. «Il giudizio di univocità di questa particella non può in alcun modo essere condiviso.» Particelle identiche sono state trovate in molti altri luoghi, perfino sul davanzale di una finestra dell'istituto di Anatomia di Torino, come ci ha spiegato Grazia Mattutino, autrice di *Piombo, bario e antimonio in particelle non correlate a sparo*, scritto proprio insieme a Carlo Torre.[6]

Che cosa dovrebbe fare la legge davanti all'incertezza? O meglio, che cosa dovrebbe fare una Corte davanti a dati che non possono essere certi o sono addirittura contraddittori? Forse scegliere di non condannare.

Noi non riuscivamo a capire perché, se il perito della Corte dice che le particelle non portano con sicurezza all'aula 6, la stessa Corte scrive che il colpo è sicuramente partito da quell'aula. Il meccanismo è simile a quello che ha trasformato l'assenza di movente, o l'incapacità di trovarne uno, nel movente più evanescente e perverso: il delitto perfetto.

Scattone e Ferraro vengono condannati in tutti i gradi di giudizio. C'è tuttavia un momento importante alla fine del 2001: la richiesta di annullamento della sentenza di condanna del primo processo d'appello. Tale richiesta, sorprendentemente, viene dalla pubblica accusa. È infatti Vincenzo Geraci, il procuratore generale presso la Cassazione, a criticare duramente le conclusioni della Corte. Secondo Geraci è «illogica e contraddittoria la conclusione adottata dalla Corte che ha ricostruito la scia del proiettile che ha colpito Marta Russo facendola partire dalla finestra dell'aula 6».[7] Inoltre, la particella trovata sul davanzale contiene antimonio, come si è detto, ma non piombo, trovato invece sulla cute di Marta Russo. «La stessa sentenza ammette l'inquinamento delle prove: un agente di polizia "inesperto" ha depositato prima delle perizie la sua pistola sul davanzale della finestra dell'aula 6, e dunque la particella trovata potrebbe essere stata lasciata da un'altra arma.»[8] Non solo, viene anche sottolineato che persino la traiettoria è incerta: sono ventisette quelle compatibili e non c'è modo di restringere il numero delle possibilità.

La prima sezione della Cassazione annulla quindi la sentenza con rinvio, il processo è da rifare. È forse questo l'ultimo momento in cui sembra possibile correggere le implicazioni di una premessa sbagliata. La seconda Corte d'appello, alcuni mesi più tardi, condannerà invece Scattone per omicidio colposo e Ferraro e Liparota per favoreggiamento.

Anche il secondo appello, pur ritenendo che Scattone abbia sparato consapevolmente, può spingersi solo fino all'omicidio colposo aggravato, ma non può provare la premeditazione. Infine, nel 2003 la Cassazione deciderà di ridurre la pena e condannerà Giovanni Scattone a cinque anni e quattro mesi e Salvatore Ferraro a quattro anni e due mesi, mentre assolverà Francesco Liparota.[9]

X

Post hoc ergo propter hoc

Anche noi abbiamo camminato per quel vialetto, siamo passate sotto a quel tunnel, abbiamo attraversato i corridoi di Filosofia del diritto. Quando siamo entrate nell'aula 6, ci siamo guardate intorno. Ovviamente, il vecchio telefono da cui aveva chiamato Maria Chiara Lipari non c'era più. Ci siamo dirette verso il punto da cui sarebbe partito lo sparo. Affacciandoci alla finestra abbiamo notato che sulla sinistra era ancora montato il condizionatore di allora, molto ingombrante. Abbiamo misurato il davanzale: era profondo sessanta centimetri. Ci è tornato in mente quello che ci aveva detto il nostro testimone anonimo, Luca, sulla difficoltà di sparare da lì colpendo il punto in cui si trovava Marta: «L'omicidio colposo lì è impossibile perché per sparare in quel modo ti devi arrampicare, devi fare una rotazione del busto, sporgere il braccio». Luca non è un tecnico, ma non serviva un esperto per provare a sporgersi da una finestra.

Anche il perito balistico Farneti ci aveva provato. Si era avvicinato al davanzale per simulare la scena del 9 maggio, e anche lui aveva dovuto sporgersi molto. Per un uomo di circa un metro e settantacinque, alto cioè come Scattone, la posizione è innaturale e goffa: il busto sdraiato sulla superficie di marmo e le gambe per aria. Ci abbiamo provato anche noi e ci siamo ritrovate con i piedi a un metro da terra rischiando di perdere l'equilibrio. Così facendo, il nostro gesto funambolico era visibile da molte, almeno quaranta, delle finestre che si affacciano sul vialetto. Com'era possibile che quel 9 maggio nessuno avesse visto Scattone con una pistola in mano sporgersi in quel modo? E com'era possibile conciliare quella posizione con il racconto di Gabriella Alletto, che dice di aver visto Scattone in piedi accanto alla finestra al momento dello sparo?

Premesse e conseguenze

Quando abbiamo incontrato il pubblico ministero Lasperanza, gli abbiamo fatto una domanda: dato che oggi sappiamo che quella particella non è con certezza un residuo di sparo, direbbe ancora a Gabriella Alletto le stesse cose di allora? Frasi come: «Lì ci stanno i residui esclusivi dello sparo, solo lì, mica quelli indicativi, quelli esclusivi! E non c'è alcun dubbio umano che il proiettile venga dall'aula 6». Oppure: «Lei stava là dentro», «Lei è l'unica testimone sicura!». O ancora: «Signora, per quanto mi riguarda io l'ho chiarito com'è successo il fatto! Ma io la devo tirare fuori da quell'aula 4 [l'aula fax], se no mi incasina tutto il resto!».

Visto che la premessa che aveva giustificato insistenze e minacce era sbagliata, volevamo sapere da Lasperanza se, senza la certezza che lo sparo era partito da lì, le sue domande sarebbero state diverse. Le indagini avrebbero seguito altre piste? Come si sarebbe svolto quell'interrogatorio?

Questa è stata la risposta di Carlo Lasperanza: «Ma lei la tolga, la tolga la polvere da sparo che è stata trovata sull'aula 6. Poteva anche essere uno che dice: "Guardi, io ho visto che da quell'aula è successo il fatto, però non voglio dire chi sono...", quindi anonima. Anche con la fonte anonima io ci vado all'interno dell'aula 6 e trovo il telefono.

Il telefono mi dice chi c'era lì dentro. Che poi fosse polvere da sparo, poteva essere anche pomodoro, a me non mi interessa. Io sono riuscito ad arrivare nella stanza, quindi la polvere da sparo non mi interessa. Era o non era polvere da sparo, ma poteva essere polvere di mondezza, tutto quello che vuole. Però ci ha mandato dentro una stanza, quindi la polvere da sparo la può togliere, la può buttare. Non ci serve a nulla».

C'è però qualcosa che non torna, visto che lo stesso magistrato pochi minuti prima ci aveva confermato l'importanza di quella particella di polvere. «Mentre io ne ho fatto una battaglia di vita, mettendoci a repentaglio la mia carriera perché io non ero tenuto a fare quello che ho fatto, eh?! Io il mio dovere lo facevo semplicemente anche non presentandomi proprio all'università, mettendomi seduto sulla sedia e dire: "Avete trovato qualcosa?". "Sì!" "Bene." "Non avete trovato nulla?" E non avrebbero trovato nulla, perché l'idea di fare lo Stub sulle finestre è stata solo mia. Cioè, non per voler prendere né meriti né demeriti, però se non si fosse trovato quello Stub positivo e quindi se non si fosse entrati in quella stanza, Marta Russo rimaneva un caso irrisolto.»

Il capo della Mobile Nicolò D'Angelo invece dice altro: «Perché poi quando si comincia a parlare di perizie ognuno racconta la sua... E sa come si dice a Roma? "Buttamola in caciara." Ma noi non possiamo buttarla in caciara, noi dobbiamo esaminare fatti concreti ed elementi certi. E gli elementi certi erano questi, quindi sulla sala assistenti: dall'esame dello Stub lì si era sparato, su questo non c'è dubbio. I periti cercarono di spostare l'asse dicendo che loro avevano trovato o fatto uno studio, che bario e antimonio potevano essere rilasciati anche da un impianto di frenatura di una macchina. Fesserie! Vuol dire che fino a adesso abbiamo mandato la gente all'ergastolo, abbiamo... così, tanto per... che non ci abbiamo capito niente, nessuno; ma siccome non è così e nessuno è riuscito a dimostrare il contrario, la traccia da sparo è univoca ed esclusiva».

Un residuo di bario e antimonio, gli abbiamo detto, oggi è considerato ufficialmente dalle scienze forensi come non esclusivo. E Nicolò D'Angelo: «No, no, scusi. Guardi questa è letteratura scientifica, è prova matematica, cioè è sempre stato così. All'epoca anche dei fatti, era uguale, non è che oggi sono cambiate le cose. Non sono mai cambiate! Quando si spara si emette bario e antimonio, è chimica! Non ci piove. In concentrazione sferica. Non c'è nessuno studio che dimostra il contrario, sono tutte fesserie inventate da qualcuno, qualche perito che ci ha provato, è andato in aula... alla domanda del presidente, "Portate le prove", non ce l'hanno! Fesserie non dimostrate, fesserie non dimostrate. Io posso dire che l'asino vola, io dico a lei: "L'asino vola". Lei dice: "Ah sì? È vero, l'asino vola?". "Sì, perché io l'ho visto volare." "E vabbè, me lo provi!" Ma quello è esclusivo di una traccia da sparo, e lo dimostra il fatto che dopo di ciò, dopo che abbiamo trovato la traccia da sparo, noi ci rendiamo conto... allora in quella stanza alla fine poi c'era un sacco di gente. Da che non c'era nessuno, poi, guarda caso, sono apparsi un sacco di gente, com'è? Qualcuno ha mentito prima, giusto? Fa luce? Sì, è così! E ribaltare tutta la letteratura scientifica, ciò vuol dire che dovremmo assolvere tutti a 'sto punto negli ultimi ottant'anni, settant'anni di storia, dovremmo assolvere tutti!».

Le parole di D'Angelo ci sono sembrate inquietanti. In primo luogo perché non è affatto vero che la letteratura scientifica sia immutabile, anzi, è vero proprio il contrario. Le scienze forensi, come tutte le scienze, evolvono; se non fosse così non avremmo bisogno della ricerca. E poi perché D'Angelo, che è stato vicecapo della polizia, insisteva nel dire ancora oggi che una particella bario-antimonio è sicuramente un residuo di sparo, mentre le particelle di bario e antimonio le rilasciano pure i freni di una Panda. Che una tale particella non sia affatto esclusiva dello sparo lo confermano anche, per esempio, i bollettini ufficiali dell'Fbi e di Scotland Yard.

Consapevoli di questo, non sappiamo come prendere la sua conclusione: «Vuol dire che dovremmo assolvere tutti a 'sto punto negli ultimi ottant'anni!».

Arrestiamo tutti!

Abbiamo ascoltato ore e ore di registrazioni del processo e abbiamo constatato che succede spesso una cosa insolita: molti testimoni vengono indagati proprio durante le udienze – in diretta – mentre stanno dando la loro versione di questa storia, quando la loro versione non combacia con quella dell'accusa. Alcuni insistono nel dire che erano con la signora Alletto quella mattina, e che lei non è entrata nell'aula 6. Altri dicono di essere stati con Ferraro intorno all'ora del delitto, e altri ancora denunciano le minacce degli inquirenti durante le indagini.

Simona Sagnotti, Maria Urilli, Maurizio Basciu, Marianna Marcucci, Stefano La Porta e Luisa Avitabile sono stati tutti indagati. L'accusa dei pubblici ministeri Ormanni e Lasperanza è sempre la stessa: complicità con gli assassini e falsa testimonianza. Il momento in cui in aula, al banco dei testimoni, c'è Luisa Avitabile è un ottimo esempio di queste modalità intimidatorie.[1]

MANFREDO ROSSI [*avvocato di Scattone*]: «Le sono stati fatti degli avvertimenti precisi? Delle minacce? Scusi, allora usiamo questo termine: diciamo degli "avvertimenti"...».

FRANCESCO AMATO [*presidente della Corte*]: «No, no. Usiamo l'espressione che lei ha usato. Ci sono state delle minacce? Lei ha subito – questa volta il termine è esatto – lei ha subito delle minacce nel corso di questi esami?».

LUISA AVITABILE: «Non mi ricordo».

FRANCESCO AMATO: «Non si ricorda? Dica la verità!».

MANFREDO ROSSI: «Lei ricorda in data 28 luglio 1997 di aver rilasciato una dichiarazione scritta a proposito del trattamento subito e a proposito delle dichiarazioni che le sono state fatte dalla signora Gabriella Alletto?».

LUISA AVITABILE: «Sì».

MANFREDO ROSSI: «Lei lo ricorda?».

LUISA AVITABILE: «Sì».

MANFREDO ROSSI: «Lei si ricorda, dottoressa, che prima della chiusura delle indagini preliminari lei mi ha fatto pervenire questo testo che io ho qui, che metto a disposizione della Corte; lo ricorda questo testo scritto? È in grado di riconoscerlo se io glielo faccio vedere?».

LUISA AVITABILE: «Sì, dicevo che allora ero stata convocata la prima volta. Raccontavo le modalità degli interrogatori: quante volte ero stata convocata e che cosa mi era stato riferito durante gli interrogatori, e in più le battute con la signora Alletto, cioè le opinioni riferite dalla signora Alletto durante i miei accessi all'università. In quello scritto dico, scrivo che la signora Alletto mi disse di non essere entrata in aula 6 il 9 maggio».

MANFREDO ROSSI: «Le ha detto qualche altra cosa la signora Alletto a questo proposito? Circa il modo con il quale si erano contenuti nei suoi confronti in sede di interrogatorio cui era stata sottoposta?».

LUISA AVITABILE: «Sì, disse che aveva avuto paura perché era stata interrogata durante la notte e le modalità non erano... cioè lei non aveva potuto sopportare queste modalità, perché poi alla mattina presto aveva detto che li aveva messi in mutande perché aveva detto che lei non sapeva nulla».

MANFREDO ROSSI: «Che lei non sapeva nulla».

LUISA AVITABILE: «Sì. Aveva detto che in sede di interrogatorio le era stato detto che ogni volta che sentiva il telefono doveva tremare. "Dicono che c'erano altre due persone – han detto –, ma io non so chi erano"».

FRANCESCO AMATO: «Ah, ecco, due persone come responsabili, come responsabili del fatto?».

LUISA AVITABILE: «Sì».

[...]

MANFREDO ROSSI: «Nella stanza numero 6, evidentemente».

[...]

MANFREDO ROSSI: «Senta, quando lei è stata sentita l'ultima volta – sempre una domanda – quando è stata sentita l'ultima volta, e precisamente il 17 giugno, ha sentito urlare qualche cosa che si riferiva alla sua persona, mentre stavano interrogando altra persona?».

LUISA AVITABILE: «Sì».

MANFREDO ROSSI: «Chi ha sentito, cosa ha sentito?».

LUISA AVITABILE: «Non so chi ho sentito, ma ho sentito il mio nome e insomma... poi ho sentito: "l'arrestiamo"».

MANFREDO ROSSI: «Che cosa dicevano? Ricorda?».

LUISA AVITABILE: «Ho sentito il mio nome e "l'arrestiamo"».

FRANCESCO AMATO: «Avitabile, "l'arrestiamo"».

[...]

CARLO LASPERANZA: «Lei ci sta raccontando un sacco di bugie. Lei ha detto di no...».

LUISA AVITABILE: «Questo io ho scritto, l'ho redatto di fronte...».

CARLO LASPERANZA: «Ha fatto bene la polizia in qualche modo ad avvisarla perché lei ci sta prendendo in giro! Lei sta dicendo tante cose non vere!».

[Proteste, urla in aula.]

CARLO LASPERANZA: «Io non ho altre domande e chiedo che vengano trasmessi gli atti al proprio ufficio, presidente».

Luisa Avitabile aveva parlato per oltre un'ora in aula prima che si arrivasse a questo scambio di battute. Non spontaneamente, ma solo dopo essere stata sollecitata più volte dalla difesa degli imputati, racconta cosa le aveva detto Gabriella Alletto e le minacce che lei stessa aveva subito. A quel punto, prima ancora che abbia finito di rendere la sua testimonianza, il magistrato chiede che anche lei venga immediatamente messa sotto indagine.

Quale fosse lo stato d'animo di Luisa Avitabile è abbastanza chiaro, sia leggendo il suo memoriale sia ascoltando la sua deposizione. Ma il punto è un altro e riguarda l'effetto di un simile trattamento sul testimone stesso e sugli altri testi. Il processo era pubblico, ripreso dai giornali, dai telegiornali e da programmi di approfondimento, come quelli condotti da Corrado Augias o Bruno Vespa. Chi di noi, sapendo qualcosa, avrebbe avuto voglia di andarlo a raccontare? Chi avrebbe contraddetto l'accusa?

Con un clima diverso, la madre di Liparota e l'amica di Ferraro – Marianna Marcucci – si sarebbero presentate a processo? Eugenio Lecaldano, il possibile alibi di Giovanni Scattone, dice di non ricordare in che giorno si sono incontrati, ma poi si tradisce: «Incontrai Scattone [...] dopo [...] andai in libreria [...] poi arrivai a casa [...] arrivai all'una e mezza, aprii il telegiornale e sentii questa cosa tremenda». Allora perché al processo è tanto incerto e non dice che il giorno in cui ha visto Scattone è proprio il 9 maggio?

Luca, il testimone di cui non vi abbiamo rivelato il nome, ha paura ancora oggi di finire nei guai se racconta la sua versione di questa storia. Forse avrebbe detto già allora quello che ha raccontato a noi? Non lo sapremo mai.

Quello che sappiamo è che tutte le indagini su questi testimoni sono finite nel nulla, nessuno di loro è stato condannato per aver aiutato gli assassini e neppure per aver mentito alla Corte. Così come è stato assolto il direttore dell'istituto Bruno Romano, che era stato arrestato con l'accusa di proteggere gli assassini.

Uguale e contrario

La mattina del 20 maggio 1999 il telegiornale dà la notizia dell'omicidio di Massimo D'Antona: «Un agguato freddo, studiato nei minimi particolari. Massimo D'Antona è stato ucciso a Roma da tre colpi di pistola. Docente di diritto del lavoro, D'Antona era stato sottosegretario ai Trasporti nel governo Dini. Gli investigatori tengono in considerazione il movente politico e in parlamento si è parlato di terrorismo. L'omicidio è stato infatti rivendicato con un comunicato firmato "Brigate Rosse"».

Nel 2003, quando mancano solo poche settimane alla sentenza definitiva su Scattone e Ferraro, i giornali danno la notizia dell'arresto di Paolo Broccatelli, un membro delle Nuove Brigate Rosse che nel 1999 aveva partecipato all'omicidio di Massimo D'Antona.

Il 9 maggio 1997 Broccatelli lavora per un'impresa di pulizie della Sapienza. Quella mattina, come altre, è anche nel famoso bagno di Statistica al piano terra, quello considerato dagli inquirenti, all'inizio delle indagini, come il luogo da cui deve essere partito lo sparo. Proprio quello dove il giorno del delitto uno studente nota qualcosa di strano e chiama la polizia. Il colpo di pistola che uccide Marta Russo viene esploso il 9 maggio, che è l'anniversario della più nota operazione compiuta dalle Brigate Rosse, questa volta le vecchie: l'assassinio del presidente della Democrazia cristiana Aldo Moro. Paolo Broccatelli ha poi scontato nove anni di carcere per associazione sovversiva.

Sono solo coincidenze e non c'è nessuna prova di un collegamento tra i due episodi. E comunque non è nostra intenzione esercitarci in processi sommari. Sarebbe anche del tutto inutile, probabilmente già nel 2003 era tardi, figuriamoci nel 2021.

Ma dopo più di un anno passato a parlare con i protagonisti di questa storia, a leggere le carte, a riascoltare le registrazioni del processo e a fare domande agli esperti per capire qualcosa in più, ci siamo rese conto che a ogni telefonata, a ogni verbale, a ogni incontro i nostri dubbi, invece di sparire, aumentavano. Insieme a una sensazione di vuoto, di insoluto e di angoscia. Forse proprio la stessa sensazione di cui gli inquirenti volevano liberarsi concentrandosi sull'aula 6 e abbandonando le altre ipotesi. Se allora la fretta di trovare i colpevoli, di dire i loro nomi alla famiglia, all'opinione pubblica e a se stessi poteva essere la ragione per seguire una sola pista investigativa, a distanza di tutti questi anni averlo fatto produce un effetto uguale e contrario: uno stato di ansia. L'ansia di trovarci un giorno protagoniste di un errore giudiziario, in un meccanismo impossibile da correggere.

Abbiamo parlato tante volte di come sarebbe difficile difendersi, di quanto sia difficile ricordare oppure avere un alibi. E abbiamo ricordato molte volte un uomo – la cui storia avevamo letto in un libro[2] proprio sugli errori delle testimonianze oculari – accusato ingiustamente di aver ucciso un bambino di sette anni. Dopo essere uscito dal carcere perché innocente, aveva sviluppato una specie di ossessione: preoccuparsi di avere sempre un alibi, in ogni minuto della sua vita.

Nel caso Marta Russo nessuno degli ingranaggi si incastra perfettamente. È una forzatura pretendere che il colpo sia partito da quell'aula, e non da un'altra; è una forzatura pretendere che Lipari abbia visto qualcosa perché era in aula 6 due minuti dopo lo sparo, e in quei due minuti potrebbe essere successo di tutto; è una forzatura credere ad Alletto dopo che per settimane aveva giurato il contrario sulla testa dei suoi figli.[3]

Ne aveva già scritto all'epoca, e meglio di chiunque altro, Giovanni Sabbatucci, ma potremmo scriverlo anche noi oggi. «Per dirla in breve, gli investigatori sono partiti da alcuni dati altamente incerti (la presunta traccia di polvere da sparo sul davanzale) per trasformarli arbitrariamente in una certezza assoluta (che lo sparo fosse partito dall'aula 6). E hanno operato questa trasformazione solo sulla base di una convenienza investigativa: quella stanza, con i suoi abituali e identificabili frequentatori, era l'unica su cui fosse possibile lavorare. In base a quella arbitraria certezza gli investigatori hanno individuato la rosa dei possibili colpevoli, fermandosi su quelli che, per loro sfortuna, risultavano sprovvisti di un alibi. Gli interrogatori dei testimoni sono stati condotti come se quel dato di partenza fosse certo e indiscutibile, e poi [...] come se lo scenario del delitto fosse già noto agli inquirenti e come se i testimoni dovessero solo confermarlo, correndo per giunta gravi rischi per la loro libertà personale nel caso lo avessero smentito».[4]

È difficile non pensare a Paul Watzlawick e alle sue *Istruzioni per rendersi infelici*: «Sotto un lampione c'è un ubriaco che sta cercando qualcosa. Si avvicina un poliziotto e gli chiede che cosa ha perduto. "La mia chiave" risponde l'uomo, e si mettono a cercare tutti e due. Dopo aver guardato a lungo, il poliziotto gli chiede se è proprio sicuro di averla persa lì. L'altro risponde: "No, non qui, là dietro; solo che là è troppo buio"».[5]

«Noi sappiamo per certo che il colpo è partito a quell'ora da quella stanza; e sappiamo anche che tu a quell'ora eri lì; dunque, se non confermi ciò che noi già sappiamo, sei colpevole o complice» era il ragionamento che i magistrati facevano con la testimone Gabriella Alletto.[6]

E sempre Sabbatucci: «Il punto era – ed è – che il presupposto su cui il tutto si fondava non esisteva. O meglio, consisteva in una perizia. [E] questa perizia – che comunque non sarebbe stata sufficiente per fondare un'inchiesta e per escludere altre possibili ipotesi sul luogo di provenienza (tra cui quella, ben più plausibile, che faceva riferimento al bagno dei disabili al piano terra) – è stata confutata dal perito nominato dalla Corte al processo di primo grado.»[7]

«Si badi bene: fingere di sapere più di quanto non si sappia per far crollare i sospetti [...] è un trucco antico e collaudato, usato dagli investigatori di tutto il mondo. Ma è utile solo quando, attraverso di esso, si riesce a ottenere [...] una vera prova regina. Se serve solo a produrre altre conclusioni ipotetiche, a costruire scenari arbitrari o a sollecitare testimonianze non disinteressate, allora è un'arma impropria e pericolosa, grazie alla quale qualunque individuo sprovvisto di un alibi può essere accusato di qualsiasi delitto.»[8]

Persone citate nel testo

Gabriella ALLETTO
Segretaria dell'istituto di Filosofia del diritto e seconda testimone chiave.

Francesco AMATO
Presidente della Corte d'Assise.

Luisa AVITABILE
Dottoranda e testimone.

Maurizio BASCIU
Direttore della biblioteca della Sapienza, accusato di favoreggiamento.

Carmine BELFIORE
Dirigente della Digos.

Nicolò D'ANGELO
Capo della Squadra mobile.

Giancarlo DE CATALDO
Giudice a latere.

Luigi DI MAURO
Ispettore di polizia e cognato di Gabriella Alletto.

Giacomo FALSO
Perito della polizia scientifica.

Martino FARNETI

Dirigente della Sezione indagini balistiche, Direzione centrale della polizia criminale.

Salvatore FERRARO

Assistente universitario, condannato per l'omicidio di Marta Russo.

Teresa FERRARO

Sorella di Salvatore, possibile alibi di Ferraro.

Carlo LASPERANZA

Pubblico ministero.

Eugenio LECALDANO

Professore di storia della filosofia morale, possibile alibi di Scattone.

Maria Chiara LIPARI

Dottoranda presso la facoltà di Giurisprudenza e prima testimone chiave.

Nicolò LIPARI

Professore di diritto privato e padre di Maria Chiara.

Francesco LIPAROTA

Usciere della Sapienza, accusato di aver preso parte all'omicidio.

Massimo MANCINI

Assistente universitario, il primo che Maria Chiara Lipari dice di aver visto nell'aula 6 al momento dello sparo.

Marianna MARCUCCI

Amica di Salvatore, possibile alibi di Ferraro.

Guglielmo MUNTONI

Giudice per le indagini preliminari.

Giuliana OLZAI

Studentessa della facoltà di Statistica e terza testimone chiave.

Italo ORMANNI

Pubblico ministero.

Giampiero PELLEGRINI

Assiste alla perquisizione della casa di Salvatore Ferraro.

Iolanda RICCI

Studentessa della facoltà di Giurisprudenza, cammina accanto a Marta Russo al momento dello sparo.

Bruno ROMANO

Direttore dell'istituto di Filosofia del diritto, accusato di omertà e complicità con i responsabili del delitto.

Simona SAGNOTTI

Dottoranda e testimone.

Giovanni SCATTONE

Assistente universitario, condannato per l'omicidio di Marta Russo.

Carlo TORRE

Perito nominato dalla Corte.

Maria URILLI

Segretaria dell'istituto di Filosofia del diritto, testimone, accusata di favoreggiamento per aver detto che Alletto non era mai entrata nell'aula 6 il giorno dello sparo.

Domenico VULPIANI

Capo della Digos.

Note

Introduzione

[1] Si veda anche Marco Catino, *Sociologia di un delitto. Media, giustizia e opinione pubblica nel caso Marta Russo*, Roma, Sossella Editore, 2001.

[2] Nel corso degli anni, del caso Marta Russo si sono occupati diversi autori. Si vedano, per esempio, Giovanni Valentini, *Il mistero della Sapienza. Il caso Marta Russo*, Milano, Baldini e Castoldi, 1999; Vittorio Pezzuto, *Marta Russo. Di sicuro c'è solo che è morta*, Milano, Sperling & Kupfer, 2017; Mauro Valentini, *Marta Russo. Il mistero della Sapienza*, Roma, Armando Editore, 2019.

I. «*Hanno sparato!*»

[1] Processo di primo grado, udienza del 20 maggio 1998.

[2] *Ibid.*

[3] Si veda anche Tiziana Russo, *Marta Russo, mia sorella*, Milano, goWare & LOG, 2017.

[4] *Il diario segreto di Marta Russo*, «la Repubblica», 21 aprile 2001.

[5] *L'assassino di Marta è libero e a noi ci ammazzano di botte*, «la Repubblica», 28 giugno 1997.

II. «*L'angelo vendicatore*»

[1] Giovanni Scattone, *Assassino sconosciuto*, «L'Europeo», 3, 2007.

[2] Nel testo, le citazioni di cui non è indicata la fonte sono tratte dalle interviste effettuate dalle Autrici.

[3] *Vincoli giuridici, princìpi economici e valori etici nello svolgimento dell'attività di impresa*, in *Studi in onore di Nicolò Lipari*, Milano, Giuffrè, 2008, pp. 483 sgg., e in «Contratto e impresa», 3, 2009, pp. 679-726.

[4] Maria Chiara Lipari, testimonianza al processo, 13 luglio 1998.

[5] Intercettazione telefonica.
[6] Processo di primo grado, udienza del 13 luglio 1998.

III. *Baroni*

[1] Sentenza di primo grado, pp. 123 sgg.
[2] *Marta, dietro l'omertà esami truccati e mafia*, «la Repubblica», 25 agosto 1997.
[3] *Così Bruno mi raccontò di un assistente con le armi*, «la Repubblica», 14 giugno 1997.
[4] *Bibliotecario a mano armata*, «la Repubblica», 13 febbraio 1998.
[5] Si veda anche la sentenza di primo grado, p. 37.

IV. *Segretaria contro «principessa»*

[1] *Per Marta il cerchio si stringe su due sospettati*, «la Repubblica», 29 maggio 1997.
[2] *Marta, la verità in 40 nomi*, «la Repubblica», 27 maggio 1997.
[3] Intercettazione ambientale.
[4] *Altre armi all'università*, «la Repubblica», 31 maggio 1997.
[5] *Contestare Oscar? Un'idea da spiaggia*, «la Repubblica», 10 giugno 1997.
[6] Interrogatorio di Gabriella Alletto, 11 giugno 1997.
[7] Lo Stub è una tecnica chimico-balistica che rileva i residui dello sparo.
[8] Interrogatorio di Gabriella Alletto, 11 giugno 1997.

V. *Sirene*

[1] *Nicolò Lipari: «Mia figlia non può essere stata condizionata»*, «Il Messaggero», 14 giugno 1997.
[2] *Alla fine in Ateneo vince la cautela*, «la Repubblica», 14 giugno 1997.
[3] Processo di primo grado, udienza dell'8 ottobre 1998.
[4] *Ibid.*
[5] Nell'incidente probatorio del 31 luglio 1997 dirà invece di non aver mai visto una pistola prima di allora, anzi no, un paio di volte a casa è successo di aver visto quella «nera, di metallo, nera» del cognato, ma «so' cose completamente casuali».
[6] *Altre armi all'università*, «la Repubblica», 31 maggio 1997.
[7] Sentenza di primo grado, p. 200.
[8] *Ibid.*
[9] *La superteste: «Ero in aula, ho visto premere il grilletto. Non ho parlato prima per un blocco psicologico»*, «l'Unità», 16 giugno 1997.
[10] Verbale dell'interrogatorio del 14 giugno 1997.
[11] *Personaggi, sguardi e i soliti sospetti tra i corridoi di Giurisprudenza. E gli studenti difendono il professore*, «l'Unità», 14 giugno 1997.
[12] Verbale dell'interrogatorio del 17 giugno 1997.
[13] Si veda anche Salvatore Ferraro, *Il dito contro. Memoriale del processo per l'assassinio di Marta Russo*, Cava dei Tirreni, Avagliano, 2001.

VI. *Alibi*

[1] Si veda la Direttiva (Ue) 2016/343 del Parlamento europeo e del Consiglio, datata 9 marzo 2016, sul rafforzamento di alcuni aspetti della presunzione di innocenza e del diritto di presenziare al processo nei procedimenti penali.

[2] «Porta a Porta», Rai1, 8 giugno 1999.

[3] *«Sto mentendo» scrive Ferraro*, «la Repubblica», 25 giugno 1997.

[4] *Quegli alibi così normali in un giorno di routine*, «la Repubblica», 26 marzo 1999.

[5] Sentenza di primo grado, p. 17.

[6] *La sorella di Ferraro: «Credetemi, era con me»*, «la Repubblica», 4 luglio 1997.

[7] Sentenza di primo grado, p. 15.

VII. *Memoria*

[1] *Il testimone*, «il Manifesto», 10 luglio 1997.

[2] Michael B. Miller e Michael S. Gazzaniga, *Creating false memories for visual scenes*, «Neuropsychologia», 36, giugno 1998, pp. 513-520.

[3] *Our Lying Eyes*, «The New York Review», 18 aprile 2019.

[4] *Ibid.*

[5] *Ibid.*

[6] Bernardino Olzai è morto in un conflitto a fuoco con i Nocs durante il sequestro, mentre Diego Olzai, rinviato a giudizio per la vicenda, è stato condannato all'ergastolo.

[7] *Per il sequestro Belardinelli cinque a giudizio*, «la Repubblica», 31 luglio 1990.

[8] *Il blitz era stato organizzato per liberare Belardinelli*, «l'Unità», 1 agosto 1989.

[9] Sentenza di primo grado, p. 341.

[10] *Alletto mente per coprire qualcuno*, «la Repubblica», 13 agosto 1997.

[11] Verbale dell'interrogatorio dell'8 agosto 1997 (si veda anche il *Parere pro veritate* di Piergiorgio Strata, p. 43).

[12] *Perché i testimoni si sbagliano*, TED, maggio 2012.

[13] *Parere pro veritate*, 15 marzo 1999.

[14] Le varie versioni di Lipari non sembrano essere un problema per i giudici della Corte, anzi. Nella sentenza di primo grado c'è un paragrafo dedicato ai «presunti condizionamenti» dei ricordi di Lipari da parte degli inquirenti e una «valutazione della sua credibilità» (pp. 137-141). Le sue dichiarazioni devono essere valutate insieme alle altre (Alletto, Liparota, Olzai e Villella) e la sua credibilità è considerata indubbia.

[15] Incidente probatorio del 31 luglio 1997.

VIII. *Il delitto perfetto*

[1] *Il complotto dei «baroni» di Legge tra omertà, menzogne e... ricatti*, «l'Unità», 16 giugno 1997.

[2] *La legge dell'omertà*, «la Repubblica», 18 giugno 1997.
[3] *La tecnica e il fiuto, 37 giorni da incubo*, «la Repubblica», 16 giugno 1997.
[4] *Ibid.*
[5] *Il peso degli indizi. In assenza di un movente razionale si deduce che si è trattato di un irragionevole gioco criminale*, «l'Unità», 13 luglio 1997.
[6] *Ecco il movente, il caso ora è chiuso*, «l'Unità», 21 giugno 1997.
[7] *Ibid.*
[8] *Ibid.*
[9] *Una morte senza firma. Il giorno dei professorini*, «la Repubblica», 21 aprile 1998.
[10] *Gli inquirenti: «Peggio dei mostri del Circeo»*, «l'Unità», 16 giugno 1997.
[11] *Ibid.*
[12] *Nel diario di Ferraro la fine di Marta*, «Il Messaggero», 19 giugno 1997.
[13] *Ecco i killer di Marta*, «la Repubblica», 16 giugno 1997.
[14] *Romano torna all'università: «Colletti e Vattimo disinformati»*, «la Repubblica», 24 giugno 1997.
[15] *Ibid.*
[16] 19 giugno 1997.
[17] *«Sto mentendo» scrive Ferraro*, «la Repubblica», 25 giugno 1997.

IX. *Particelle*

[1] *Il peso degli indizi. In assenza di movente razionale si deduce che si è trattato di un irragionevole gioco criminale*, «l'Unità», 13 luglio 1997.
[2] *Marta, teste e periti sconfessano l'accusa*, «Corriere della Sera», 11 febbraio 1999.
[3] *Filosofia dell'antimonio*, «Corriere della Sera», 18 giugno 1997.
[4] *Marta, l'accusa costretta a difendersi*, «Corriere della Sera», 12 febbraio 1999.
[5] Sentenza di primo grado, p. 251.
[6] *Piombo, bario e antimonio in particelle non correlate a sparo*, «Zacchia», 73 (1-2), pp. 137-151.
[7] *Marta Russo, l'accusa chiede l'annullamento della sentenza*, «la Repubblica», 5 dicembre 2001.
[8] *Ibid.*
[9] Sentenza di Cassazione, 2003.

X. *Post hoc ergo propter hoc*

[1] Processo di primo grado, 22 giugno 1998.
[2] Elizabeth F. Loftus, *Eyewitness Testimony*, Cambridge (Mass.), Harvard University Press, 1979.
[3] Alberto Beretta Anguissola e Alessandro Figà Talamanca, *La prenderemo per omicida. Caso Marta Russo, il dramma di Gabriella Alletto*, con la *Prefazione* di Giovanni Sabbatucci, Roma, Koinè nuove edizioni, 2001.
[4] *Orgogli e pregiudizi*, «Liberal», settembre 1998.

[5] Paul Watzlawick, *Istruzioni per rendersi infelici*, Milano, Feltrinelli, 1984.

[6] Il riferimento è a questo passaggio di Giovanni Sabbatucci: «Noi sappiamo che lo sparo è partito da lì perché ne abbiamo trovato le tracce (e non era vero, come poi si è scoperto). Noi sappiamo che tu eri lì perché hai telefonato (Lipari) o perché quattro persone ti hanno visto (Alletto: e neanche questo era vero). Dunque o confermi la nostra ipotesi o sei incriminabile come autore o complice del delitto», da *Marta, colpevoli con troppi dubbi*, «Il Messaggero», 9 febbraio 2001.

[7] Comitato per la difesa di Giovanni Scattone e Salvatore Ferraro, *Una domanda a Giovanni Sabbatucci*, «L'opinione» (il sito non è più disponibile).

[8] *Orgogli e pregiudizi*, «Liberal», cit.

Ringraziamenti

Grazie a Radio Radicale per l'archivio del processo, delle interviste e delle sedute del Consiglio superiore della magistratura. A Carlo Pontesilli e a Paolo Chiarelli per averci mandato le registrazioni non ancora digitalizzate.

A Fabio Tamburini e alla redazione del Tg5 per il materiale d'archivio.

A Francesco Petrelli per la sua disponibilità e per la valigetta con i ritagli ingialliti dei giornali.

Grazie a Luca Santarelli per la colonna sonora della serie audio *Polvere. Il caso Marta Russo.*

Grazie a Chiara Melloni, a Irene Pepiciello e a Germana Padova.

Per la produzione della serie audio, grazie a Emons Record, in particolare a Sergio Polimene, Paolo Girella, Maria Saracino, Zelia Ezbogar, Flavia Gentili e Carla Fiorentino, e a Miyagi Entertainment.

Grazie a Nicola Guaglianone.

A Federico Mauro e a Vertigo per il progetto grafico e per le copertine della serie.

Grazie a Giovanni Sabbatucci e a Guido Vitiello, per allora e per oggi. E ad Alberto Beretta Anguissola, Alessandro Figà-Talamanca, Vittorio Pezzuto, Giovanni Valentini.

A Laurence Figà-Talamanca e ad Antonio Carioti. Ad Arianna Ninchi e a Menotti.

A Filomena Gallo e a Serena Tucci.

A Federica Illuminati, Federico Mastrolilli, Dario Franzin, Gabriele Zavaglia, Giuseppe Regalzi.

Grazie a tutti quelli che in questi mesi ci hanno aiutato a trovare numeri di telefono, foto e documenti e a entrare negli archivi. E grazie specialmente a una persona che non possiamo nominare.

Grazie a quelli che abbiamo dimenticato di ringraziare.

Grazie a Paolo Mazzotta.

A Giovanni De Mauro e a Chiara Nielsen.

Ringraziamo in modo particolare Mattia Feltri. Grazie anche a Gianni Del Vecchio e a Adele Sarno.

Grazie a Susanna Ciucci e a Igor Pagani.

MISTO
Carta da fonti gestite
in maniera responsabile
FSC® C115118
FSC
www.fsc.org

Mondadori Libri S.p.A.

Questo volume è stato stampato
presso ELCOGRAF S.p.A.
Stabilimento - Cles (TN)

Stampato in Italia - Printed in Italy